光尘
LUXOPUS

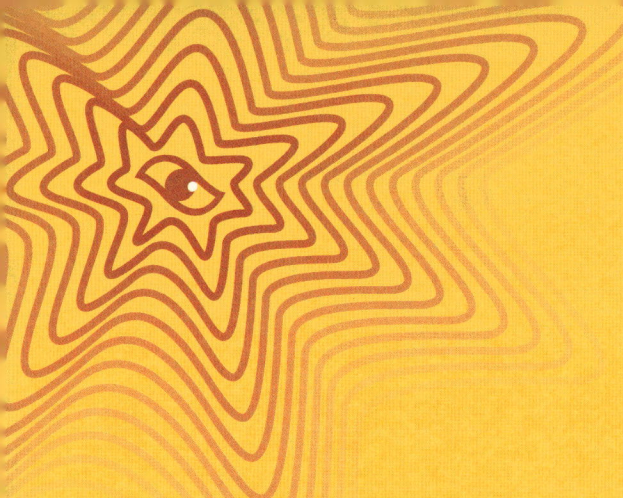

钟晓莹 著

引爆注意力

更具商业价值的视觉营销

中信出版集团｜北京

图书在版编目（CIP）数据

引爆注意力 / 钟晓莹著. -- 北京：中信出版社，2021.11
ISBN 978-7-5217-3458-4

Ⅰ.①引⋯ Ⅱ.①钟⋯ Ⅲ.①零售业－商业经营 Ⅳ.①F713.32

中国版本图书馆 CIP 数据核字（2021）第 166398 号

引爆注意力
著者：　钟晓莹
出版发行：中信出版集团股份有限公司
　　　　（北京市朝阳区惠新东街甲 4 号富盛大厦 2 座　邮编　100029）
承印者：　天津丰富彩艺印刷有限公司

开本：880mm×1230mm 1/32　印张：6.75　字数：145 千字
版次：2021 年 11 月第 1 版　印次：2021 年 11 月第 1 次印刷
书号：ISBN 978-7-5217-3458-4
定价：59.00 元

版权所有·侵权必究
如有印刷、装订问题，本公司负责调换。
服务热线：400-600-8099
投稿邮箱：author@citicpub.com

目录 CONTENTS

推荐语 　　　　　　　　　　　　　　　　　　I
推荐序一 　　　　　　　　　　　　　　　　　VI
推荐序二 　　　　　　　　　　　　　　　　　IX
推荐序三 　　　　　　　　　　　　　　　　　XI

引　言　注意力的价值

何为注意力？ 　　　　　　　　　　　　　　002
引爆注意力的载体——"人、货、场" 　　　003
当下零售环境，注意力的威力有多大？ 　　　007
我们如何引爆注意力？ 　　　　　　　　　　011

第一章　善变的消费者

社会环境影响消费心理 　　　　　　　　　　016
社会身份约束消费心理 　　　　　　　　　　021
当代消费者的消费思维 　　　　　　　　　　025
如何才能抓住消费者的注意力？ 　　　　　　033

第二章 商品自我开口的时代

商品面临的现状 055
为什么有些商品能成为现象级爆品？ 059
策划商品爆点，吸引消费者的注意力 064
如何延伸产品价值？ 072

第三章 引爆注意力的窗口——店铺

世界最初的零售商店视觉全貌 088
俯瞰中国商业的视觉变迁 102
如何打造一个能引爆注意力的店铺？ 116

第四章 夺人耳目的视觉营销

何为视觉营销？ 134
为什么要做好视觉营销？ 138
视觉营销的三大目标 141
如何用视觉营销赢得消费者的注意力？ 148

第五章 持久的注意力——品牌

品牌为什么能够聚集消费者的持久注意力？ 163
顾客的记忆点从哪里来？ 164
品牌的差异化价值——勾起消费者好感 190

结语 197

推荐语 FOREWORD

这本书对零售法则有着新颖的视角与深刻的洞见。通过引爆多元化消费群体的注意力，在消费者心智中塑造差异化的联想和共识，从而形成强大的品牌势能，赢取品牌博弈的战略高地。《引爆注意力》紧扣当下主流语境，是品牌建设中不可多得的好书，相信会带给我们诸多启发。

—— 周璀琼

影儿时尚集团董事长

本人从事服饰行业二十余载，一直是钟老师的忠实粉丝。钟老师作为全行业陈列推广者和实践者，有着丰富的理论及实践经验。在当下零售环境下，进店率成为商家的"必争之地"，而进店率的前提是抓住消费者的眼球，引爆注意力。

《引爆注意力》一书就是以独特的角度，从消费者、产品、店铺、视觉营销、打造品牌五个维度，向读者全面讲述了注意力背后的商机。

　　这本书简直就是新零售行业里不可多得的"天书"，值得用心阅读。

——邓志维
特步集团零售高级总监

　　晓莹本身就是一个极具吸引力的人，各种场合中，你总会被她幽默的言语、得体的着装、飒爽的气质所吸引。第一次接触晓莹是在小红书，隔着手机屏幕，都被她的能量场吸引，于是联系了陈列共和的工作人员，带着公司上百人的团队参加了她的培训课，成了她的客户。

　　听闻晓莹出了《引爆注意力》一书，我会心一笑，恐怕没人比她更适合写这个主题了。这本书从洞察消费者出发，讲述了人、货、场之间的关系，并最终将观点升华至品牌价值层面。观点扎实、内容丰满、文字易懂，时尚营销从业人员不妨一读。

——汪荣泽
堡尼（BONI）男装创始人

　　这是一本好书，"用心"是这本书真正的"魂"。每一篇都是那么的沁人心脾，如同一把钥匙，帮助我们开启心灵的智慧之窗。钟 Sir 以解决消费者需求为出发点，将 20 多年来对服装美学研究与品牌建设的践行历程融入其中，以"同理心"站在市场定位与消费者心智的角度去思考问题，这是最难能可贵的！从美学角度，用同理心把用户需求与品牌塑造写得如此透彻，大概只有钟 Sir 了。

——陶燕杰（陶子）

印象草原（INICIO）联合创始人

有幸与陈列共和共同成长，更感谢钟老师给所有歌瑞森人带来了消费者视角、好产品思维、实体陈列标准、品牌意识等方方面面的先进理念，帮助我们把事业做扎实。歌瑞森目前全国300多家实体店铺的拓展，也源于陈列共和帮助我们做的第一家标准化店铺。而《引爆注意力》一书正是囊括了这一系列帮助我们成长的理念和指南。

期待钟 Sir 的《引爆注意力》成为更多人认识陈列共和的开始。

——朱红娟（帅妈）

歌瑞森创始人

在信息碎片化的时代，在充满变化和不确定的零售商业领域，构筑"品牌产品力 × 美学力 × 注意力"三者贯通的最大价值系统，是任何品牌都需要掌握的竞争利器。

晓莹通过多年的实战经验，扎根生活美学品牌创立，聚焦产品陈列与品牌系统优化提升，学战相融，知行合一。既有多个深入观察的社会维度，又有全面俯瞰的行业格局，更有全链条步骤清晰的优化路径。用阅读一本书的时间，获得品牌整体实战价值提升，局部环节实操价值实现。值得一看。

——王晓坤

风火创意董事长 /G&G 创意社区梦想发起人

生活中，你很难不注意到晓莹，她的时尚、睿智、热情，甚至爽朗的笑声都让人难忘，她就像个小太阳。商业运营说到底也基于对人性的洞察，而她是掌握了市场注意力方法论的那个人。

——晓昱

中国杯帆船赛创始人 / 物质生活书吧创始人

"注意力经济"表面上看是对时间碎片化、注意力稀缺的现状的应对措施，本质上折射出的是"从无到有，从有到优"的消费升级过程中，消费者心理和消费行为的变化。在百年未有的大变局的今天，《引爆注意力》这本书深入洞察了消费者的变化，并给出了细致的解决方案，是消费、零售行业必读好书。

——谢文博

咫尺研学联合创始人 / 早稻田大学商学院 WJCF 研究员

《引爆注意力》这本书让我们把消费的博弈聚焦到"注意力"上。新消费时代下，消费的各个环节都在发生巨大改变，品牌需要掌握竞争的核心密码，需要学会与消费者共情、共鸣、共振，才能敏锐把控消费者的注意力倾向，牢牢抓住用户心智，继而带来强大的销售力。如何在中国文化回潮和复兴的当下，找到属于中国品牌的专属表达，相信钟 Sir 的《引爆注意力》会给你答案。

——邢莉莉

艺术人文品牌德玺见萩品牌创始人

特别开心看到钟 Sir 的新书《引爆注意力》出版，一个人真正的魅力就是她足够真实，她之所以成功就是因为"说我所做，做我所说"。这本书的价值在于不管你在哪个领域，都可以从中找到引爆注意力的路径，打造出自己的独特标签。

在过度同质化的今天，独特永远大于完美，这就是《引爆注意力》所阐述的精髓！

——刘立君

BHC 发型 V 整大师 6.0 系统创始人

推荐序一 FOREWORD

一直以来,我和钟 Sir 都想要推行"零售美学教育",而这份决心一年比一年强烈。创办陈列共和这个品牌 8 年以来,我们都在为零售商业发展而努力着。2017 年,我和钟 Sir 去了日本游学,那一次游学中让我印象最深刻的就是银座的三越百货。即便过了快 4 年,我对那次在三越百货所看到的场景,仍记忆深刻。因为我在那里不仅收获了视觉震撼,还有一份比往常更为强烈的决心。

三越百货负二层是一些专门售卖甜点的商店。店面和甜点的精致感,让我一瞬间就被整体的氛围感染。我极其欣喜。我很想记录下这一刻,于是立刻掏出手机准备拍照,却被店里的售货员出来制止了,并且她的情绪有点激动。我很遗憾没有记录下当时的喜悦。当然,这件事情也让我和钟 Sir 有了不一样的想法。那时候,我们开始有了反思,为什么我们要来拍其他国家的品牌视觉,而不能让我们自己本土的品牌更加具有注意力和感染力?

时代在变化，消费者在变化，是时候出现一些能够抓住消费者注意力和感染消费者的品牌了。于是，我和钟Sir看到了推动"零售美学教育"的必要性，决心也比以往更加强烈。

经过4年的不断深入研究，我们认定零售品牌的向前发展，脚下踏的就是一条不断抓取注意力的赛道。现在消费者的需求已经开始转移到精神层面，这也就意味着，提升无形的品牌价值，才能摆脱价格竞争的噩梦。现代消费者不仅会为商品的基础功能价值付费，也会为美感、感官刺激和情绪等附加价值付费。这些能够让消费者额外付费的感性事物，是提升品牌价值的一部分。未来，我们在做品牌的过程中，更需要关注到消费者的审美体验和情绪价值，为消费者提供理性和感性的双重刺激，以此来抓住消费者的注意力，这就是我们所提倡的品牌观，也是钟Sir写下《引爆注意力》这本书的初衷。

我经常和钟Sir谈论对未来零售店的理解。我们的一致答案是：消费者的注意力，对于整场商业变现的过程来说，既是起点，也是终点，它始终无法脱离其中。因为注意力对于零售商店来说，就是一道让顾客进门的门槛，不管对实体店还是线上商店来说，都是如此。有注意力的地方，就有流量；有流量，就有发展。而引爆注意力的目的不仅是一场成交，而是未来的无数场成交。钟Sir的这本《引爆注意力》就是将一系列打造品牌注意力的方法论呈现给大家，它不单单是将注意力停留在视觉层面，而是延伸到了打造产品口碑和品牌影响力的维度。那些能够引爆注意力并且被消费者记住的品牌，永远有机会成为消费者心中的王者。

我和钟Sir都十分急切地想看到未来零售品牌竞相绽放。我们一直翘首期待着这一天的到来。

欧阳中铁

陈列共和创始人、CEO

推荐序二 FOREWORD

作为钟 Sir 全网千万粉丝之一，十分荣幸受邀为钟 Sir 的新书《引爆注意力》写序。从钟 Sir 的个人影响力，到她所带领的陈列共和对中国零售行业的促进和赋能，一路走来，是她对零售业孜孜不倦的洞察、深究和不可或缺的热爱才成就了这一切。

关于钟 Sir

2021 年，时尚深圳和陈列共和达成深度战略合作，对钟 Sir 我们有超越合作伙伴的惺惺相惜。

第一次线下与钟 Sir 会面，她就如你所见的封面上、社交媒体上的形象一样，神采奕奕、笑容亲切，像认识了多年的老朋友。没有过多的客套和寒暄，我们已了解彼此对行业、对梦想的那份执着、追求和热爱。长期保持热情饱满和利他主义，在商场上不是件容易的事情，非真正热爱、心中有蓝图、信奉共赢的长期主义者无法坚守。钟 Sir 有"让客人和品牌交集的那个瞬间感到幸福"的信念，并把这份情感延伸到了她的客户、学员、观众、同事和合作伙伴，现在，她也将这份情感带给了她的读者。

关于《引爆注意力》

零售业离不开品牌。身处 VUCA（volatility 易变性，uncertainty 不确定性，complexity 复杂性，ambiguity 模糊性）时代谈品牌，难免会有焦虑。焦虑来源于品牌作为一门生意，长期价值输出和短期增长点的矛盾。

如果对于品牌的生存和成长，你正在众多变数中寻求抓手，钟 Sir 的新书《引爆注意力》可以为你提供化解这种焦虑所需的切入点和主线。切入点在于，如何在注意力资源紧缺的当下，通过捕捉消费心理底层逻辑，在产品研发、店铺打造、视觉营销上收获立竿见影的增长。主线在于回归品牌打造，透过消费者的注意力投放理解其心理需求，在战术迭代中建立不断回应心理需求的品牌强链接，从而获得可持续的商业成功。

《引爆注意力》不是商学院课本式的循规蹈矩的教条，而更像是朋友间的一场谈话。钟 Sir 语言简明直接，借我们当下最熟悉的零售案例，一起感受、归纳、理性思考，共探客观性和可复制性。

无论时尚于你是一生事业还是一份向往，我都把这本佳作推荐给你。和钟 Sir 一起透过现象看本质，让消费更理性，让成长更少"内卷"，让品牌经营更可持续，一起让中国零售商业变得更美好。

王珊珊
时尚深圳组委会主席
2021 年 9 月于深圳

推荐序三 FOREWORD

钟晓莹女士是视觉营销的实践者，她让更多企业知道了零售商业视觉的重要性。零售商业视觉，究其本质，就是一场瞬间注意力的爆发。当然，企业长久发展，需要的远不仅是短暂的注意力，更需要长期聚焦消费者注意力的品牌力，而钟老师正是提倡这种科学的品牌发展方式。品牌所创造的商品，必须为提升每个人的幸福度所用，同时设计还必须卓越，才能够真正让消费者的注意力停留在它身上。这种环境下，钟老师所提倡的品牌战略愈发重要。品牌通过获取消费者的注意力来提高关注度，同时也在向消费者传达品牌的形象，表达商品背景。这不仅仅是技术层面的问题，更是品牌高远志向的表现。这件事，在品牌进化的过程中，将会成为一个重要的转折点。

商品的展示方式也是非常重要的获取注意力的途径。基于上述的品牌战略，品牌方需要打造具体的战术。商品的陈列展示即是战术之一。众所周知，从战略到战术必须要有高度的连贯性和一致性。钟老师广泛地与全球品牌战略的制定者、视觉营销的引领者接触互动、交流学习，并不断研究、积累实践、磨炼认知，造就了陈列共和近几年的快速发展。衷心希望有更多的品牌不断向更高的高峰发起挑战，通过吸收真知灼见，开发出对社会有价值、对个人有幸福感的商品，让品牌获得更高的关注度，继而在市场上获取最终的成功。

土谷贞雄
建筑师、生活方式研究者、专栏作者、
HOUSE VISION 联合策展人（2010–2018 年）
2021 年 9 月于日本北海道

引言 PREFACE
注意力的价值

　　慌张赶路的兔子,不经意间窃取了爱丽丝的注意力,让爱丽丝毫无防备地坠入树洞。一场美妙的奇遇记就此展开……这是注意力所带来的美好。

　　事实上,不少生意人想成为那只吸引注意力的兔子,想用注意力来索取消费者的目光。虽然"索取"不是一个太好的词,产生的效果也不一定如人意,但商业的竞争,本质上就是引爆注意力,从而获得变现的游戏。

▶ 何为注意力？

> 注意力是我们心灵的唯一门户，意识中的一切都要经过它才能进来。
>
> ——俄国教育家乌申斯基

从学术的角度来说，注意力指的是人们的心理活动对外界事物的指向和集中。对于零售行业来说，对注意力最直白的解释，就是让消费者注意到你这家店的存在。好比繁华的街道上，店铺一家紧挨着一家，灯火闪烁，妄图引人注意的场景比比皆是，但能令你注意到并深入了解的店铺寥寥无几……在可选择的店铺过多的情况下，你可曾想过，到底是什么在吸引你的注意力？

人类的本性就是喜欢注意那些猎奇的、有趣的、颜色鲜艳的、颜值高的、有情怀的事物。当你摒除杂念径直走进一家店时，至少那家店的外观颜值是足够吸引你的。毕竟，获取好感的第一层来源于出众的外观。

当然，想捕获人心，不单单是足够好看就可以。任何一场引爆注意力过后的变现，都离不开交易的载体——"人、货、场"。

▶引爆注意力的载体——"人、货、场"

人：创造业绩的主体

人，也就是消费者。任何一场交易，都无法剥离消费者的存在，他们始终是业绩的创造者。所以，我们必须捕获消费者的注意力。

时代发展把很多事物都推上了千变万化的时间轴，消费者的消费心理也在悄悄地发生变化。或许唯一不变的是，品牌始终需要和消费者维系深层的联结。如今，消费者面临的物质环境日益丰富，刚需逐渐减少，再加上现在的产品同质化严重，单纯地销售商品已经很难吸引消费者的注意了。

这也是迫使很多品牌拼命做出变革的重要原因。"店铺的视觉是最容易引起顾客注意的",这是一个令人难以反驳的事实。如果一家店能让顾客感受到形象上的美好,那么它就能够让顾客在潜意识中对自己乃至整个品牌迅速产生好感。因为美的事物,永远都不缺注意力。注意力是达成记忆的基础,记忆是注意力作用的结果。先吸引消费者的注意力,才能逐渐进化成消费者心智中对于品牌的记忆。这就是注意力的价值。作为一家店,作为一个品牌,最不该辜负的,是每一个消费者对于美的向往。而关注店铺形象本身,就是增强美感、强化注意力的体现。

货:生意的本源

天下生意千万种,但没有任何一种生意能离开"货",也就是产品。很多人或许会疑惑:如果做的是服务行业的生意,哪来的产品呢?你的服务就是你的产品。

现阶段,我们周围的一切都处于快速更迭当中,从单一的卖场到网络购物,再到现在的体验式购物……但是,不管生意形态如何改变,交易的本源仍然是"货"——产品。

可想而知,在这个所有生意都需要博取注意力的时代,产品本身也应该具备吸引力去聚焦消费者的注意力。所以,这个时代也是产品升级的时代。

产品升级这一现象,从最近爆火的茶饮行业就可以看出来。以前,我们的奶茶就是单纯的一杯奶茶,没有很特别的包装。但是,随着奶茶饮品店的激增,奈雪、喜茶等品牌慢慢占据了中国茶饮市场中很大的份额。茶饮品牌面临前所未有的挑战，这也就令一些茶饮产品在包装上不得不制造一些新奇感来吸引消费者的注意力。例如，最近很火的小熊冰奶茶，就是将奶茶中的冰块做成了小熊造型，通过新的包装引发消费者的新鲜感，成了奶茶中的小爆款。

这波小熊冰奶茶热度能持续多久呢？我们无法预估。但我可以笃定地说，无论是产品还是品牌，如果不能持续地为顾客制造新鲜感的话，它所享受到的热度只能是一时的。因为，消费者的新鲜感来得快，去得也快。消费者需要源源不断的新鲜感来刺激自己的消费欲，所以，如果你想要用新鲜感留住顾客，只能不间断地为顾客制造新奇的体验。

再来看流传近两千年的传统饮品——豆浆。豆浆是我们早餐中最常见的饮品，它便宜又实惠，但大家对它的绝大部分需求就仅仅在早餐时段。不过，这种对豆浆的固有印象在某个品牌诞生的时候被打破了，这个品牌就是半仙豆夫。它用豆浆结合现代流行茶饮，主打现磨豆乳饮品，一举跻身新晋茶饮网红的行列。

其实，提升产品吸引力的维度有很多，外观、包装、性能、商品陈列，等等。不过，对于产品来说，提升吸引力的内核是口碑。

- 品牌创始人，他们做品牌要求产品口碑
- 自营店主，他们留顾客需要产品口碑
- 消费群体，他们买东西追求产品口碑

如果观察得够仔细,你会发现大多数人,一提到手机,就会想到苹果;一想起运动服,就会想到迪卡侬;一说到钢琴,就会想到雅马哈;一讲到服务,就会想起海底捞……这就是产品口碑所带来的效应。维系一门持久的生意,永远离不开产品口碑。产品口碑,就是带有可延续的吸引力。

场:好环境带动消费

产品口碑需要时间积累,想让消费者一见倾心,还是需要环境来带动。特别是对于新兴品牌来说,营造一个好的购物环境,才有机会让消费者了解产品。店铺是消费者快速接触产品和品牌的端口。

2017年,首家粉色喜茶店在深圳万象天地开业,这一消息瞬间在网络上炸开了锅。因为对于当时的人们来说,这样梦幻的店铺太少见了。所以,喜茶凭借着这家粉色网红店增加了品牌曝光度,也让更多人了解到喜茶的主打产品——芝士茶。

喜茶的常规店铺在视觉上同样很出色,以白色为基调,设置了带有金属感的吧台,整体带有点儿"性冷淡风"。尽管视觉上它在国内茶饮店已经名列前茅,但喜茶在店铺升级上还是花尽了心思,继粉色网红店之后,开了黑金店,紧接着又有了LAB概念店……

喜茶的一系列主题店不禁让人深思,为什么品牌要不断地尝试新风格?因为只有源源不断地捕获消费者的注意力,才能让消费者注意到店铺，进而接触店铺里的产品并了解产品，最终促成购买行为。换句话说，环境其实是为了给产品赋能而存在的；想要消费者了解产品，先要让消费者愿意来到你所营造的环境中。

你还记得你第一次逛大型购物商场时的感觉吗？或许饱含期待，也许充满惊喜，甚至发出惊叹……那么你还记得你第十次逛同一家购物商场时的感觉吗？你可能会觉得"不过如此"。这就是消费者的心理。

消费者永远都在追求新鲜感。所以，产品需要源源不断地更迭，赋予产品闪光点的购物场所也需要时常为消费者制造惊喜。

▶当下零售环境，注意力的威力有多大？

注意力威力之一：创造业绩

新鲜感框住消费者的注意力，而拥有注意力才能拥有客流量。不管在哪里，能引起顾客注意的店铺，才有生意。

近些年，很多品牌都在为顾客营造新鲜的视觉体验，试图抢占新一代消费者的注意力，其中包括许多我们耳熟能详的老品牌。2019年，波司登财报宣布"突破百亿大关"，营收同比增长16.9%，达到103.84亿元。这个记忆中的巨浪，在新零售时代，又掀起了一场变革的风暴。近5年，波司登在聚焦新一代消费者的注意力上，着实下了不少功夫。不仅亮相纽约时装周，轰动了全球各大网络媒体，而且开始和各个品牌跨界联名，尝试给年轻消费者带来新的感官刺激。以前，我们会说，爸爸妈妈那一辈才会穿波司登。如今，在视觉上翻天覆地的波司登，早已打破了"爸妈的羽绒服"这个标签的限制。

老品牌铆足了劲，新兴品牌也势头不减。餐饮行业同样如此。"一杯好茶，一口软欧包"，这样的宣传语是不是让你的脑海里即刻浮现这样的画面：一个晴朗的午后，捧一杯香茶，搭配松软美味的软欧包，一口下去，十分惬意。这是很多年轻人向往的生活方式。奈雪正是击中了年轻人的内心，创造了"茶+软欧包"这样的产品组合。果不其然，这种别出心裁的模式，很快就让年轻人注意到了它。奈雪成为"深圳首席网红茶饮"，可谓当之无愧。

不过，只靠模式吸引消费者的注意力，可能略显单一。而且，消费者新鲜感很可能得不到持续的满足。一旦失去了消费者的注意力，品牌就开始走下坡路。为了得到消费者的持续关注，奈雪开了一家"奈雪梦工厂"。与平时见到的奈雪店不同的是，它的色彩感更强，更容易引起年轻人的注意，而且内容也更丰富，除了"茶+软欧包"，在这里还能品尝到咖啡、精酿、西餐以及其他限定产品……仅凭一家奈雪梦工厂，奈雪就赚足了消费者的注意力，创造了"三天近百万"的业绩。

不可否认，消费者永远会为自己能注意到的品牌花钱。对于品牌来说，制造机会赢得消费者注意力是决胜商场永恒不变的定律。

注意力威力之二：赢得口碑

　　靠注意力进行传播，是一件非常神奇的事情。自然界中，大部分花朵会靠颜色、气味来吸引昆虫的注意力，好让昆虫接近花蕊，携带花粉往外飞，完成花粉的传播。

　　做生意，又何尝不是如此呢？我们需要引起消费者的注意，才有机会获得消费者的认可，才能最终赢得口碑。2015年，一家"太二酸菜鱼"一跃成为餐饮界网红，至今仍旧长盛不衰，顾客往往要排队一两个小时才能吃到。一开始，这家店以奇特的"黑白漫画风"店面获得了95后消费者的关注，"只能4人结伴去吃"的奇葩店规也撩起了年轻人的好奇心。就这样，太二酸菜鱼获得了第一批消费者的注意力。在注意力之外，太二酸菜鱼还保持了菜品的高水准，消费者尝试过一次太二酸菜鱼之后，便会对它的味道念念不忘。所以，5年来，为了吃上一份太二酸菜鱼，顾客们愿意耐心地等上一两个小时，乐此不疲。这就是注意力带来的口碑效应。

　　一朵花想依靠昆虫传播花粉，都需要拥有鲜艳的颜色和独特的气味来吸引昆虫注意，更何况是一个品牌呢？自然界擅长利用注意力来获得物种的传承，我们为何不学习利用注意力来赢得口碑，从而获得品牌的传承？

注意力威力之三：植入心智

我们来做一个小测试吧。悄悄地闭上眼睛，回想：

- 蒂芙尼（Tiffany）蓝的颜色
- 可口可乐的标志
- 戴森吹风机的外形
- 星巴克的标志

你是否能快速地想起来呢？我想你一定可以！因为这些品牌已经打入了我们的心智。

以戴森吹风机为例，一开始，很多人见到戴森吹风机都会想：为什么一个吹风机长得这么奇怪？它就不像是一款吹风机啊！但是，这款不像吹风机的吹风机的确更容易让人注意到。戴森的店铺橱窗里就摆着一个戴森吹风机，配合360°旋转展示，一下子就引起了我的注意。我毫不犹豫地进店去体验，就想看看这款与众不同的吹风机有多好用，结果当然是立刻预订了一个。而且，如今在平时生活中，一讲到吹风机，我总是会忍不住想起戴森吹风机的外观和使用感。其实这就是注意力打入心智的体现。从外观引起视觉注意，到使用感促成变现，再由品质打入心智。这就是注意力带来的威力。

在这个物质过剩、同质化严重的时代，一个无法捕获消费者注意力的品牌，注定不会有未来。生意场上的竞争，本质上就是一场注意力的博弈。

▶ 我们如何引爆注意力？

要想引爆注意力，首先需要明确消费者的注意力到底在哪里。

其实，注意力包含了很多方面。以消费者的视觉为主，附带听、嗅、味、触这些感官感受，都能够成为注意力的引爆点。就如同：

- 麦当劳无论在多么偏僻的角落总能让你一眼看见
- 想喝咖啡的时候脑海里一闪而过的首先会是星巴克
- 听到"噔噔噔噔"这个特殊音效，就会想起英特尔
- 如果你去过欧珑香水店，就一定记得那个味道

以上的种种，都是你的注意力在作祟，也是品牌方的小心思在搞鬼，它们都在悄悄地让你注意它、记住它。不得不承认，很多时候，我们的注意力正在悄悄地成为别人的提款机。如果你也想要利用消费者的注意力为自己打造一个提款机，那这本书将会从消费者、产品、店铺、视觉营销、打造品牌这5个维度，为你讲述注意力背后潜藏的商机。

第一章
善变的消费者

第一章

考資試的變遷

人总是对未知的事物充满好奇，不管在哪个年代都一样。

　　刘姥姥初次进大观园，看见了太多从未见过的东西，眼花缭乱之余，又心生惊奇。就如同20世纪70年代在日本出现的卡拉OK，于20世纪80年代来到中国时，我们的消费者也是一样心生惊奇。当一件从未见过的事物出现在你面前时，就已经引爆了你的注意力。

　　只可惜，靠未知来引爆注意力的时代已经过去了。而造成这种结果的原因，在于消费者的消费心理深受社会环境进步的影响。

社会环境影响消费心理

20 世纪 70 年代,"温饱心理"的延续

路遥在《平凡的世界》中这样描写一个生活在 20 世纪六七十年代的年轻人：

> 他胳膊窝里夹着一只碗，缩着脖子在泥地里蹒跚而行。小伙子脸色黄瘦，而且两颊有点塌陷，显得鼻子像希腊人一样又高又直。脸上看来才刚刚褪掉少年的稚气——显然由于营养不良，还没有焕发出他这种年龄所特有的那种青春光彩。

显然，在 20 世纪 70 年代，消费者的注意力仍然集中在温饱上面。当时，能看见大排长龙的地点，便是凌晨的供销社。由于担心手里的肉票买不到肉，很多市民会从前一天晚上一直等到天亮供销社开门。即使天冷，也要挨着冻忍耐。那时大家一个月的普遍收入在 30 元左右，基本生活开销占据了支出的大部分，其他娱乐性开销则很少见，基本没有。对于当时的人们来说，手里有足够的肉票、粮票，能买到想要的日常必需品，就很知足了，哪里还会追求什么品质。一切只图个饭足衣暖。

20世纪80年代,"炫耀心理"的开端

曾经在电影《芳华》里,寻找上个世纪七八十年代的踪迹,里面有一个令人印象深刻的片段:

> 刘峰一边打磨着木材一边说:"炊事班班长要结婚,他媳妇非得要一对沙发才肯结。买一对沙发要100多块钱,我只用了30多块钱便给他打了一对。"

可见20世纪70年代末、80年代初,人们对贵重物品的追求已经开始显现。在改革开放的推动下,消费者的消费需求也逐渐放开了。那时候,供销社的橱柜里,再也不是单纯的肉和菜,还能看到"钟山牌"手表的身影。这足以证明,那时候的人们,不再只是围绕吃饱穿暖而消费,还会在非必需品上消费。

遥想20世纪70年代,手表算是当时的奢侈品,一块表,能花费一个普通职工将近半年的工资。不过,高昂的价格也无法阻挡那个年代的男性对于手表的痴迷。而到了20世纪80年代就不一样了。当30块钱的钟山表出现在供销社的橱柜里时,曾经需要花150多块钱的手表(150块钱在当时相当于一个人半年的工资),沦为一个再普通不过的饰品。人们不再热衷地追求一块表,而是把这份热衷投入电视机、电冰箱、洗衣机上。那个时期,能用上电视机、电冰箱和洗衣机的,是别人口中的"大户人家"。这"三大件"代替了手表,成了当时财富的象征。

人们消费水平的普遍提升,带来的不仅是物质消费需求增

加，人们对文化方面的需求也日益增加。朦胧诗派在这个时期受到追捧。当时，一部分青年开始"追诗"，而一部分条件比较好的人开始追求学业。于是，"出国热"兴起了。当家族里出现了一个出国留学的人时，就会被称为是"有头有脸的人家"，备受人们尊敬。所以有不少家庭砸锅卖铁，目的就是送孩子留洋，去镀一层金。

可以说，20世纪80年代，是"炫耀心理"的开端，人们开始把注意力转向为个人增值的物质上。其实，消费者的炫耀心理一直存在，只不过，当物质充裕的时候，它的存在感尤为明显。

| 20世纪90年代，"爱美心理"的来临

20世纪90年代，消费个性特征更加显著。有一篇关于90年代消费者消费特征的文章《论九十年代我国居民消费行为变化趋势》这样写道："随着现代商品经济的发展，市场上的商品选择性越来越大，人们追求消费个性的倾向性也越来越强烈。"

一般生活品的购买需求之外，服饰消费需求开始暴增。因为，服饰是最能展现消费者个性的商品。随之而来的，是审美经济的兴起。在这个时期，消费者的注意力开始集中在"美"上。人们穿衣不再只有"穿暖"的需求，更多的是对时髦感的追求。这份"爱美心理"需要追溯到香港这个时尚之都。20世纪90年代，电视、录像的普及，让更多人见识到香港的风采，也接触到了不同于大陆的时尚风向。当时的香港明星一个个穿着款式新

颖、颜色亮丽的服饰出现在荧幕前，引得无数人争相模仿。牛仔衣、喇叭裤、皮夹克、廓形西装……成为当时热度最高的服饰。

不仅服装备受重视，人们对于发型的关注度也十分高，在发型上的消费逐渐增加。那时候的男生会模仿港片中男星的鬈发，女生的花样就更多了，短发、长发、鬈发……都有当时流行的模板可选择。在这一时期，男生的发型不再是清一色的平头，女生也不再是简单的马尾和学生头。可以看出，20 世纪 90 年代，消费者开始正视美、追求美。

21 世纪 00 年代，"品牌心理"的萌生

记得，郭敬明在《你的一生如此漫长》中，就写到了当时青少年追求品牌的心态：

> 我念初二了。我有了第一双 LINING 的运动鞋。我开始觉得佐丹奴和班尼路是名牌的衣服。那个时候还没有美特斯邦威，也没有森马。曾经用存了很久的零花钱，买了一件佐丹奴 98 块的背心。

而在电影《疯狂的石头》里，黄渤很得意地说了句"牌子，班尼路"，这一幕更是成了耳熟能详的经典画面。足以说明，当时人们对于品牌的追求度有多高。

由于消费者的注意力集中在品牌知名度上，因此激发了不

少国产品牌大规模地向外推广和发展,美特斯邦威、森马、潮流前线……这些国产服装品牌,便是在21世纪00年代迅速崛起的。

21世纪10年代,"体验心理"的到来

21世纪10年代开始,我们的消费人群呈现更加年轻化的态势,以1995年后出生的消费者为主体,这个群体就是我们经常听到的"Z世代"。从小生活在丰裕的物质之中,Z世代更加追求时尚、与众不同和新奇的体验。

近几年,"网红店打卡"成了网络上频繁使用的一个词。这样的流行词很是微妙,一方面,它代表着零售实体店视觉上的创新;另一方面,它也显示了当代年轻人追求体验的心理。

- 吃一顿饭,拍张照发朋友圈
- 去一趟游乐园,拍张照发朋友圈
- 逛一次街,拍张照发朋友圈

这些举动成了当代年轻人的常态。正是由于互联网的传播特性,以及消费者喜欢在社交软件上分享生活习惯,不少零售店开始另辟蹊径,以新奇的体验来夺取消费者的好奇心。所以,这几年,外观别致的网红店成为吸引消费者注意力的香饽饽。

当然,仅仅是外观别致,很难保持长期的吸引力。不少品牌绞尽脑汁,不断尝试形象升级、增加个人定制系列等,来满足

Z世代对新鲜感和个性的追求。

时代和环境变迁给我们的消费心理带来了很大的影响，但并不代表以前一些普遍的消费心理不复存在。其实，不管是温饱、美感，还是炫耀……这些成分在今天仍然存在。当然，随着社会经济水平的提升，我们对于温饱的追求，不会太过凸显。不过，美感需求和体验心理这两个层面，仍然是消费者的主要消费心理。

社会进步确实给我们带来消费心理的变化，而我们的社会身份也同时影响着我们的消费心理。

社会身份约束消费心理

我想，你一定没有见过一个教师穿着吊带和短裙去上课，你也一定没有见过一个高层人员衣衫褴褛地去见客户，你更不可能看到一个领导人穿着潮牌在会场中开会……这不仅仅是出于社会规范的制约，也是由于周边环境和相关人员的影响。

物以类聚，人以群分。人们的消费心理往往也是这样，会在无形之中受到职业身份和社会地位的影响。每个人的社会身份，就是一个消费定位，这个定位也会支配消费者的消费心理，从而导致趋同心理、攀附心理和自保心理的产生。

我羡慕那些去庙会跪拜不捐钱的人

曾经看过一句这样的话,"我挺羡慕那些去庙会跪拜不捐钱的人"。

和大家分享一个很经典的心理学案例。当人们去庙会,路过功德箱的时候,很多人会在心里盘算捐多少钱才合适。但当周围的人一出手就是 50 元、100 元的时候,你的捐款就不会低于 50 元。因为你根本不好意思只捐 10 元或 20 元。这就是趋同心理在作祟。

趋同心理,即从众心理,指个人的观念或行为在群体的引导和压力下产生的一种合群倾向,这种心理使个体放弃自己的意愿,转而投向与多数人一致的方向。简单来说,就是当大多数人拥有一件商品的时候,自己也得拥有;当大多数人在做某件事情的时候,自己也要跟风尝试。这种趋同心理基本贯穿了各个阶层。而它,也深受消费者社会身份的影响。这就是一个教师在工作场合中不会穿得过于前卫,而是尽可能简洁的原因。

在学校里,没有一个教师会穿得过于花里胡哨。因为,在这个群体中,过于前卫和花哨的服装,既不符合工作规范,也会被质疑缺乏专业性。所以,教师们在着装的选择上十分相似,不会穿着得太过张扬,而是会选择能够体现作为教师的专业性的服装。这就是群体压力所带来的趋同心理。

当然,在教师群体之外,这种趋同心理也同样存在,例如,当一个业内顶尖人士手上戴了新款劳力士,那么圈子里立刻就会涌现大量同款。类似的行为还有很多。你或许可以说他们带有点"趋同冲动",但你永远不能磨灭一件商品对于身份的表达和象征。

奢侈品的主要购买者并不是有钱人

商业评论家吴伯凡曾经说过,在中国,奢侈品的主要购买者并不是有钱人,而是那些"需要狠狠跳一下,够到之后需要缓好一阵"的人。现实中,很多消费者购买的并不是产品本身,而是"内心十分渴望得到,当下又够不上"的生活状态。

就如同热播剧《欢乐颂》里面的樊胜美,收入不高,挤着地铁,身上也不忘背着名牌包,哪怕是假的也好。又如同王柏川,没有买宝马的水平,却也要租一个宝马来吸引樊胜美的注视。虽然是电视剧里面的桥段,但现实中,并不缺乏类似的故事。渴望展现自己光鲜亮丽的一面,用带有身份认同属性的产品来包装自己,向别人证明自己的购买力高于当前所在阶层,这就是一种攀附心理。

前阵子,"上海名媛群"被曝光,一些收入不算太高的女生,在群里疯狂和群友拼团买包、拼团蹭豪华酒店……只为在朋友圈里展现自己、经营自己,从而来营造自己"高阶名媛"的身份。她们有自己渴望的生活,但没有相应的经济实力,又难以做到延迟满足。这就是产生攀附性消费心理的重要原因。

不仅是年轻女性,这种攀附消费心理也出现在男性身上,特别是刚创业的男性。创业男性,一般都比较上进,对于生活品质往往有更高的追求。他们的攀附心理也来自身份的影响，他们往往更需要用能证明身份的物品来装饰自己，比如上档次的车。对于男人来说，最能象征身份的莫过于一辆好车。而且，作为一个老板，他的合作伙伴也会通过车来判断他的综合实力。这就导致了他们不得不提早去购买一辆名贵的车。在生意场的加持下，人们互相攀附的心理更加被放大，这也使得人们原本的消费行为发生了改变。

你很难看到一个亿万富翁出现在路边摊

假如有一天，你获得了百万英镑，你的生活会发生什么样的变化呢？

马克·吐温在他的著作里，是这样描绘的：你能够凭借一张100万的支票白吃白喝，还有无数人百般讨好你。但是，一旦你失去了这张支票，那些曾经讨好你的人便立刻跟你划清界限。在这个故事里，我们能看到当时社会阶层之间界限明显且残酷。值得我们深思的是，现实中那些处于高阶层的人士，消费心理是否会受阶层影响？

中低层人士为了向上层人士靠拢，选择了越级消费的方式；而一个高阶层人士却不会自降身份到一个低级购物场所。因为，高阶层人士更加注重身份的认同感。一个高端的购物场所，更容易让他们产生优越感和自豪感，能够满足他们的心理需求。这就是受身份约束而产生的"自保心理"。所处的阶层越高、社会身份越显赫的消费者，他们越需要维护本阶层的消费形象，自保消费心理也就会越强。凡勃伦在《炫耀性消费》里面就讲到了一点：富有的消费者通过他们的财产来证明他们是上层社会中的一员。换句话说，房子、衣服和其他可以看得见的财产都是成就和地位的象征。所以，你很难在路边摊里看到一个亿万富翁；而王子自降身份迎合灰姑娘享用平民下午茶的情景也只可能出现在偶像剧里。

正如你所见，消费者心理多种多样，有些甚至很难猜测。想要真正赢得消费者的注意，关键在于你对顾客了解有多深。

当代消费者的消费思维

当代消费者的消费思维主要包括以下 5 种：

实用型消费思维

有人说，追求温饱的时代是注重物质实用性的巅峰。的确如此，但是，别以为在这个物欲横流的时代，实用性消费就消失了！不管在哪个时期，实用性消费一直存在，只不过有时会被其他因素掩盖而已。就像我们往往认为，新一代消费主力军消费没有计划、不加节制，其实恰恰相反，他们在消费上可能比任何一代都要精打细算，也更看重物质的实用性。

20世纪五六十年代的消费者可能更多地把钱花在日常必需品上，没有其他太多的品牌观念或时尚观念。和20世纪五六十年代的消费者不一样，Z世代对实用性的追求在于，以五六百块钱的预算买一双球鞋，买哪个品牌更好看、更舒适，去哪里买更划算。

所以，新时代消费者在各个消费领域都涌现出一批"攻略家"，比如美妆测评、美食测评、球鞋种草、家具推荐等。《中国青年报》就曾报道过，95后、00后在喜欢的领域里"封神"，他们的购买行为其实更像是项目研究。

"我开始关注球鞋，大概是在2018年11月左右。当时我觉得乔丹一代颜值比较高，所以想买一双，但并不知道它被炒卖得价格这么高。""球鞋为什么能炒那么高价？因为一个市场行为：补货。补货其实就是把发售过限量版的球鞋再发一遍，让大家可以再抢一次（不过大多数应该被机器人抢走了）。品牌就是通过补货这种手段，把球鞋的价格打了上去。"这些都来自一个热衷于购买球鞋的00后的研究报告。而这位00后，已经成为同学眼中的"鞋神"，很多人在买鞋前都会向他请教。

其实，新一代消费者不是简单地追潮流，而是在研究商品，从中得出结论，再选择性价比最高的商品。这位00后小"鞋神"自己也说："如果遇到一双很喜欢的鞋，经过研究后我仍然很喜欢，我也需要评估价格是否能负担得起。有时候想一想，上千元干什么不好，为什么非得买鞋呢？"理性的研究，会规范我们的消费行为。所以，新一代消费者并不是在单纯地无规划购物，而是会围绕实用性、颜值、价格来综合考虑。

认同型消费思维

在看热播剧《三十而已》时,我们只看到顾佳为了挤进富太太圈,满世界寻找一个爱马仕包。但我们很少去思考,这只爱马仕包的背后隐藏的是一个怎样的消费观。顾佳在刚刚接触富太太圈的时候,她是被排挤在外的,因为在她的身上看不到任何可以匹配这个圈子的外显特征。直到她背着一个限量版爱马仕包重新出现在这些富太太面前,她才正式进入富太太行列。这就是商品带来的身份认同。这个能够彰显身份的限量版爱马仕包,已经超越了它作为商品本身的价值,成了进入这个圈子的一张门票。因此,顾佳对这个包的欲望十分强烈,不惜一切代价也要得到。

欲望是与生俱来的,而人所有非生存性的欲望,都是在寻找一种生而为人的身份认同。社会心理学家马斯洛曾提到过,获得身份认同的方式有两个,一个是选择,一个是被赋予。

举个例子,学校里的孩子,我们称他们为"学生",而"学生"就是社会给予他们的身份。在大部分人的认知中,学生应该好好读书认真学习,但并不是所有学生都能做到,这就又有了一个身份上的分化,即优等生和差生。所以,当学生认可并想要获得"优等生"这个身份时,便会主动去寻找或遵循优等生的学习轨迹,这是一种选择。

我们的整个消费环境,又何尝不是这样?西方国家很早就开始流行"花明天的钱做今天的事"这个观念。在我们国家,社会的开放性也让越来越多人接受提前消费的观念。而提前消费带来的是什么呢?我们在获取一些彰显身份的商品时更加容易了。

一个来到一线城市打拼的年轻人，只要赚够一辆车的首付就可以购买一辆车；一名初入职场的白领，通过分期付款就能得到一个奢侈品包包……

这些来自商家的诱惑导致"彰显身份"式的消费越来越多。大部分人认为，自己所使用的品牌折射着自己的阶级地位、个人形象和生活品质，所以拥有大牌商品会更容易得到他人的尊重和羡慕。这就不难理解为什么那么多人想努力拥有奢侈品了吧，他们实质上都是在追求一份来自他人的身份认同。有的人是通过奢侈品来彰显身份，获得身份认同；有的人则会通过展现个性来获得身份认同。

近几年，潮牌快速发展，究其原因，其实是现在的消费者越来越注重个性了。在他们的自我认知中，"个性"塑造的是一种加强自我地位的优越感。对于新一代消费者来说，他们希望通过标榜自己的与众不同，彰显自己"时尚潮人"的身份，从而获得一种称号上的认证。总有一群人，追求着你同样追求的东西，也渴望着你同样渴望的身份。在我们的生活中，从来没有人会是一座孤岛，也从来没有人能够挣脱欲望的束缚。

爱好型消费思维

当一个人不再为温饱而发愁时，就会转而追求更高层次的精神食粮。从近几年的消费趋势来看，人们在兴趣爱好方面的投入变得更多了。在《2019 腾讯 00 后研究报告》中，出现了这样一组数据：43% 的 00 后愿意为自己的兴趣爱好投入时间和金钱；77% 的 00 后容易为有自己喜欢的元素的产品付费。可见，新一代的消费者，更倾向于在自己喜欢的领域里获得满足感。

不知道你有没有发现，近两年，总能看到一些年轻人穿着精美的汉服走在街上，在各大平台上，也能经常看到与汉服相关的内容。汉服摆脱了小众文化的标签，成为当下的流行元素。这是因为研究汉文化的年轻人变多了，他们个性大胆开放，无畏地表达着对汉服的喜爱，所以才有了我们经常看到的街上的汉服少年。那么，这些穿汉服的年轻人，只是因为汉服好看才购买吗？并不完全是这样。这些愿意为汉服消费的年轻人，大多数是对汉文化有所研究，非常喜欢并认可汉文化。在他们眼里，汉服并不仅仅是一件服饰，也不单单反映了品位和审美，还蕴含着一种对于中国文化的认同感和自豪感。汉服是个人兴趣爱好的外在体现，更是他们内心的精神需要。

新一代消费者，在兴趣爱好方面的消费，比以往的消费者更专业。中国青年报《00 后：我的消费你不懂》这篇文章中，就提到一位初三的女孩特别喜欢汉服，不仅非常熟悉各种制式的汉服，还能给同学提供咨询服务，帮助同学找到更合适的汉服类型。于是，这位女生成了班里汉服爱好者心目中的"汉服神"。

在当下生活中，我们接触的文化类型越来越多，衍生出来的兴趣爱好自然就丰富了许多。既有在绘画、乐器、声乐这类"正统兴趣"投入精力的，也有对手帐、美妆、盲盒、动漫这些新鲜领域着迷的。当然，未来衍生出来的新鲜领域也会越来越多，因为人们对精神需求越来越看重。

很多人都说，现在的消费者捉摸不透，不知道该用什么方法留住消费者。其实，对于新一代的消费者，你需要做的并不是抱着"留住他们"的目的做生意，而是应当用"满足他们精神需求"的态度来做生意。

体验型消费思维

在《体验经济》中，约瑟夫·派恩这样写道：消费是一个过程，消费者是这一过程的"产品"，因为当过程结束的时候，记忆将长久保存对过程的"体验"。消费者愿意为这类体验付费，因为它美好、难得、独一无二、不可复制、不可转让、转瞬即逝，它的每一瞬间都是唯一。美国州立旧金山大学心理学系助理教授瑞安·豪厄尔曾做过一个"万人调查"，问卷内容涉及消费习惯、性格特征、价值观、生活满意度等。调查发现，年轻人更乐于花钱买体验，体验型消费能带给消费者更高的生活满意度和幸福感。

从国内整个消费大环境来看，现在的消费者，确实比之前更注重体验了。回想一下，10年前的超市和现在的超市一样吗？10年前，超市的存在是为了解决我们的生活所需，一进去，满眼都是柴米油盐酱醋茶，没有新鲜感可言，更不必说趣味性。而现在，超市又有何不同了呢？没错，是体验感的增加。

从 2018 年开始，国内就掀起了一股"模仿 EATALY[①]"的风潮，一时间出现了许多"超市＋餐厅"这类模式的食品超市。像盒马鲜生和升级后的永辉超市都是提升消费体验的产物。它们的出现，给消费者制造了新鲜感，让消费者激动不已，纷纷跑去体验一番。不过，这股风潮在国内只持续了一段时间。

相比起来，便利性体验更能够抓住消费者的心。一开始，为了满足消费者足不出户就能随性购物的需求，网上购物平台出现了。后来，这种线上购物的思维被运用到了外卖上。人类贪图便利的天性，在外卖软件诞生的时候可见一斑。美团和饿了么自出现以来，订单量逐年增多，居高不下，而后又衍生出了"外卖买菜"这门服务。这相当于将超市移到线上，不用出门就能买到新鲜食材。以前在传统超市买食材，还要考虑到时间问题。而线上购买食材则大幅度地削减了时间限制，在时间和空间上，真正让消费者得到了便利性体验。美团外卖衍生出了美团买菜，拼多多孵化出了多多买菜，更有生鲜 O2O 专业户的每日优鲜和叮咚买菜……这些线上商超的出现以及快速发展，无一不预示着注重消费体验的线上商超将成为下一个新零售红利的牵引者。

除了便利性体验，情感感官体验也是吸引消费者注意力的重要方式。如果你去过 K11 购物中心，你一定会惊叹于它的设计风格。因为它总能让你感觉自己身处于一个世外桃源中，每一眼都是一幅画。艺术、自然和生活在这里相互碰撞，冲击着人们

[①] EATALY，意大利著名的超市餐厅，是全世界规模最大、品种最全的意大利食品超市。它最出名的也最令人喜爱的就是超市和餐厅相结合的模式，这种经营模式让消费者流连忘返。

的感官视觉。在这里,甚至连呼吸的空气,都带有艺术色彩。像这样注重感官体验的购物中心,实际上是最能让消费者记住的,消费者来了一次就会念念不忘。K11的成功之处在于它在潜意识中构建了和消费者的长远联结,用感官体验打入消费者心智。就像小孩子总是对那些新奇有趣的游乐园流连忘返,K11也是这样,它为消费者打造了一个"艺术中心",让消费者接近艺术,感受艺术的有趣,体验艺术带来的美好。在香港,K11每月平均客流量可达150万人次,上海K11则是刚开业就创造了单月100万客流量的纪录。足以证明,体验带来的强大号召力。

感受美好,这就是消费者所喜爱的体验。消费者追求美好的事物,也愿意为美好的事物买单。未来的实体店,无体验,不消费!这一点毋庸置疑。

投资型消费思维

不少人认为消费就是一种金钱消耗,就像购买一顿餐食,满足口腹之欲就结束了。但实际上,消费可以不只是金钱消耗,它还可以带来增值。这就是另一种消费——投资型消费。

什么是投资型消费?即你的消费行为能带来潜在的收益,例如教育、买房就是比较传统的投资性消费。再如,交学费学了一门外语,学完之后用这门外语做兼职赚外快,这个消费行为也是投资性消费。

再比如,你可能认为购买化妆品是一种消耗型消费,但是,对具有投资思维的消费者来说，购买化妆品是一种投资。如果提升外在形象可以为他们带来一个工作机会，他们是十分乐意投入这笔花销。会注重投资型消费的，一般是 25～45 岁这个年龄层的消费者，他们有一定的经济基础，又不满足于现状，渴望依靠某种投资来增加收入来源。所以，投资型消费心理会比较强烈。

现在，我们已经认识了 5 种常见的消费思维。接下来，我们需要根据这些消费思维来明确"如何抓住消费者的注意力"了。

如何才能抓住消费者的注意力？

在阐述如何抓住消费者注意力之前，我们必须明确"为什么我们必须抓住消费者的注意力"这一问题。人们都知道世界第一高峰是珠穆朗玛峰，可你知道世界第二高峰是什么吗？在中国新疆维吾尔自治区塔什库尔干自治县境内，毗邻巴基斯坦的国境线上，伏着一座名为乔戈里峰的山峰，它的海拔高达 8611 米，仅低于世界最高峰珠穆朗玛峰 200 米左右，是世界第二高峰。但如果你缺乏对中国地理的研究，是很难知道它的存在的。因为人们的注意力都被世界第一高峰吸引了。大多数人只会注意到珠穆朗玛峰，而忽略这座乔戈里峰。人们投入的注意力不同，造成两座山脉各自不同的宿命。

对于现代的零售业来说也是这样，不同量级的注意力，会带来截然不同的命运。泡泡玛特，一个靠"盲盒"[①]令市值一度飙升到1065亿港元的品牌，成了"盲盒经济"的代表性案例。细数国内盲盒潮玩品牌，几乎可以用"层出不穷"来形容。天眼查数据显示，截至2020年11月30日，2020年中国新增260多家盲盒潮玩相关企业。可见盲盒市场正在不断涌入新生力量。在盲盒品牌数不胜数的情况下，泡泡玛特可谓是脱颖而出，只要一提到盲盒相关，大部分年轻人首先联想到的就是泡泡玛特，而不是其他盲盒品牌。这就是泡泡玛特得到了多数消费者的注意力的结果。

"只要抓住了某人的注意力，就能让他付出一些金钱。"很早之前，哥伦比亚大学教授吴修铭就这样说过。后来，零售行业也发生了一些代表性事件：

- 定位为"东方美妆"的花西子，将中国风微雕工艺与口红、眼影结合，创造了销售奇迹
- 一场纽约时装周，李宁把所有消费者的目光都聚集在它的国潮服装上
- 百年品牌百雀羚因为广告独特富有创意，成功扭转了年轻消费者对它的刻板印象，在一众老牌国货中杀出重围

[①] 盲盒，即外观相同的包装盒里装着各不相同的玩具产品，而消费者不能提前得知包装盒里的具体产品款式，只有购买盒子后才能得知自己抽到了什么产品款式，它因此具有随机属性。

这个时代所发生的一切，不就证明了吴修铭教授的这句话是对的吗？今天，我也可以毫不犹豫地说：注意力，就是现代零售人的"永恒提款机"。不能引爆注意力，就无法唤醒消费者的购买力。

说到注意力，你有留意过你平时的注意力都被什么吸引吗？学校里，最显眼的同学无非是青春靓丽的校花校草、经常得第一名的学霸同学、文艺汇演主持人……当然还有每周一站在升旗台上的小旗手。你或许会心生疑问，学校的同学那么多，为什么他们会是比较显眼的那几位呢？很简单。因为他们足够突出、足够稀缺、足够亮眼，所以一下子就能捕获我们的注意力。人本身就是容易被引起注意力的生物，当人的注意力停留在某件事物上时，情感也就随之产生了。

什么能瞬间引起消费者的注意？

瞬时注意力，是人类获得感知的起点。在现在多元的商业环境中，想要和消费者建立联结，最重要的就是，在一瞬间引爆他们的注意力。

根据人类的生理习性，拥有以下特性，更容易抢占注意力：

1. 与众不同

"买件红衣服穿！"这是"成功学之父"卡内基在学生时代学到的一个社会生存技巧。

"西部贫困农家子弟"是卡内基童年时身上的一个标签。一天，他放学经过工地，看到一位着装笔挺的人在指挥，看上去像是一个老板。"你们在盖什么？"他走上前去问。"盖摩天大楼，给我的百货公司使用。"卡内基接着问道："我长大之后要怎么做才能像您一样？"那位老板说："第一，你要勤奋工作；第二，你要买件红衣服穿！""买件红衣服穿？这跟成功有什么关系？""当然有！你看到那个人了吗？"说完，指出一个穿红衣服的人。"这些都是我的员工，但他们都穿蓝衣服，我记不住他们。但是，里面有个经常穿红衣服的，我很快就注意到他了。在这群人中，我也只认识他。刚好他能力不错，过几天，我准备让他做我的副手。"这则小故事说明了什么？我们要与众不同，才能脱颖而出！

同样，一条街，街上开满了各种店铺，我们应该如何引起消费者注意？就是要让店铺看起来与众不同！

路边的眼镜店几乎没有什么辨识度，从店铺到招牌都是一种风格，通常是在门头上凸显出大大的"眼镜店"三个字以表明身份，招牌下是红字黑底的滚动显示屏。在同类店铺繁多的街上，这样的店实在难以引起注意，也毫无竞争力。而韩国的眼镜品牌简特慕（Gentle Monster）就不一样了。每一家店都布置得别出心裁，十分抢眼。不管你在哪里看到它，它总能在第一时间占领你的注意力。因为每一家的主题都不同，所以每一家简特慕店铺呈现出来的外观视觉也都不一样。不同于传统的眼镜店，简特慕店铺的整体风格和店内陈设都洋溢着艺术的气息。当你推门而入时，会有种置身艺术馆的错觉。甚至，它还被顾客戏称为"4A级景区"。可见，它的店铺视觉有多特别。在它的店铺中，能看到大胆的颜色、奇特的元素毫无违和地融合在一起。让你一进来，立刻就能记住这家店。

简特慕的首尔新沙旗舰店里，有一期的主题十分奇特："拯救月球"（The Salvation Moon），光听名字就能猜到是和科技相关的故事。果然不出所料！这个故事讲的恰恰就是人类在"第13个月"里，为了适应环境，想尽办法求生存。店里设置了大量与月球、太空以及科幻有关的元素，消费者一进门就会被立刻吸引。而最抢眼的地方是店门口中间，两个穿着宇航服的模特直接占据了店铺中心位置，其中一个"太空人"手中还拿着太空接收器，画面十分新奇。这种与众不同的画面，一瞬间就能引爆顾客的注意力。所以，当外观足够与众不同时，消费者第一个就能关注到你的店铺和品牌。

2. 醒目的颜色

如果你在美国旅游，一定能看见这样一个标志——红色的"EXIT"。（见图 1-1）

● 图 1-1

1911 年，曼哈顿一家服装厂发生火灾，导致 146 名工人丧生。这促使美国消防协会开始意识到大楼逃生的重要性，所以有了红色的安全出口标志"EXIT"。此后的几十年，各个国家都有一套属于自己的安全/警示标志。不管在哪里，它都会是醒目的安全指引。

在我们的日常生活中，醒目的不仅仅是警示标志，还有商场的红黄打折价格牌、人行道上的红绿灯、街角麦当劳和肯德基的标志……在繁华的街区，最不缺的就是麦当劳和肯德基了，而且，在色彩缤纷的商业街中，我们竟然一眼就能看到它们，这是因为标志性的红色、黄色，能在3秒之内对我们的眼球产生刺激。

要知道，一件物体进入我们的视野中，只用0.67秒就能给我们留下印象。其中，色彩的作用达到了67%。"7秒钟定律"认为，消费者会在7秒内决定是否有购买商品的意愿；在7秒之内，如果不能让消费者注意到你的店铺，就很难让他们对你的店铺产生兴趣了。所以，善于运用醒目色彩的"神力"，在7秒内快速占领消费者的注意力，就能开启你和顾客之间的情感联结。

3. 放大的物体

很多时候，超出预期的事物更容易引发人的感知。特别是放大的物体所带来的视觉冲击力是极其强大的。比如，当我们看到一本杂志的时候，第一眼看到的必定是杂志上放大的人像，其次是放大的字体；当我们进入游乐园时，第一眼看到的会是巨大的摩天轮；而当我们身处繁华的购物广场时，第一眼看到的会是巨大的电子屏幕……我们对于被放大的物体，总是会天然地带有一丝探索欲，所以我们总是会优先关注它。不少品牌店，都会运用巨大的物体来引起顾客的注意，勾起顾客的探索欲。

路易威登（Louis Vuitton）就很擅长用巨大的物体冲击消费

者的视觉。如果你曾经在2019年经过洛杉矶戴顿街路易威登的专门店，你一定会为之驻足。因为，在这家专门店的橱窗里，装着一个尤为抢眼的"五彩巨人"，它一度成了社交网站的热点。太多人被它吸引了！

同样也在2019年，迪奥（Dior）和考斯（KAWS）联名，也使用了一个巨型的KAWS粉色公仔形象。品牌方将这只KAWS粉色公仔放置在店铺橱窗以及商场中央，因为身形巨大，极其显眼，一瞬间就抓住了来往顾客的视线。同时，这只巨大的KAWS粉色公仔也吸引了不少消费者前去拍照发社交圈，从而形成了对品牌的二次传播。

想让消费者快速注意到你的店铺，不如用一个巨大夸张的形象来为消费者打造一场视觉盛宴吧！

4. 故事化场景

百万年前，我们的祖先就围坐于篝火旁缓缓讲述怪兽和诸神的故事。火光温热明亮，照亮着远山近树，还有彼此的脸庞。而如今我们流连于城市各个角落，辗转于各个人群之中。我们渴望在一砖一瓦一人之中，捕捉那些或喜或悲的瞬间；渴望在别人的故事中，寻找不同的思绪。

我们在听故事的时候，为什么会思绪纷飞？一切都归咎于胺多酚这种物质。科学研究表示，人类在听到或看到故事时会分泌胺多酚。胺多酚也被称为"脑内吗啡"，它可以减轻痛苦，使人心情愉快。所以，人们都喜欢听故事。一个好的故事，能够引发读者的共鸣。故事里的情景，也能够调动移情能力，让人快速产生真实情感。

同样,如果将故事植入你的店铺或你的品牌之中,顾客的关注度会更高,对于品牌的兴趣也会更强烈。在西方国家,每年圣诞节,大街小巷都会无比热闹,街上大部分店铺,都会在自己的橱窗里展示那些和圣诞节相关的故事,试图得到顾客的注意。美国萨克斯第五大道精品百货店(Saks Fifth Avenue),就曾在圣诞节前夕带给顾客一场"Once upon a time"(从前),将小时候读的童话故事《白雪公主》里的场景,在橱窗里一一还原出来。年长的顾客站在它面前,热泪盈眶,他们在这个橱窗里找到了曾经的年少时光;年轻的顾客站在它面前,欣喜不已,这个橱窗承载的是他们的快乐童年;小朋友站在它面前,眼前一亮,这个橱窗是他们梦寐以求想要体验的场景……

"一千个读者就有一千个哈姆雷特。"面对同一个营销事件,不同的顾客会有不同的解读方式。不过,大脑所带来的快乐与感动,才是最重要的。给顾客营造一个故事化情境,是让顾客调动情绪,并且将注意力集中在你店铺身上的最佳办法。

很多人说,现在是一个崇尚理性的时代,没有必要用感性去催生太多情感。而我想告诉大家的是,人是感性的,一个生活中只有理性言语、理性思想的人,是很难快乐的。我们大部分的快乐,都是由生活中的感性情感带来的。所以,给予顾客感性画面,催生他们的感性情感,从而带给他们快乐,正是我们这些零售人应该做的。

总而言之,对待顾客,不要吝啬我们自己能提供的每一分美好。

如何全方位抓住消费者的注意力？

现在，我们知道了与众不同的东西、醒目的颜色、巨大的物体、故事化场景能够快速引起消费者的注意，那我们具体该如何做才能全方位抓住消费者的注意力？

1. 明确消费者的五感体验

人类是通过各种感官来认知世界的。通常情况下，人们会通过视觉、听觉、嗅觉、触觉、味觉这5种感受来形成对信息的感知。其中，视觉是人们认知接收的主要渠道。在这5种感官中，通过视觉认知信息占70%，听觉占20%左右，其余感官的获取量仅占10%。很奇妙吧！

消费者也是如此，他们会通过视觉、听觉、嗅觉、触觉、味觉这五感来接收一家店所散发出来的"信息"，从而判定自己要不要进入这家店，以及是否要购买东西。所以，如果你想要赢得消费者注意力，你就得为消费者创造五感体验。简单来说，就是以"色"悦人、以"声"动人、以"味"诱人、以"情"感人。

唐恩都乐（Dunkin' Donuts）就是一个很典型的案例。唐恩都乐是一个专门售卖甜甜圈的甜点品牌，在视觉上，一眼就能看出它与甜甜圈之间的因缘。印象中的甜甜圈，覆盖着五彩缤纷的糖针，似乎所有明朗的颜色都能在它身上找到。唐恩都乐的门头标志，就用了甜甜圈上常见的糖针颜色——粉色和橘色。门面底色则是巧克力色，整体视觉上甜点氛围十分浓郁，直白地将唐恩都乐和甜甜圈联系起来，打入消费者的心智中。

不但视觉能够让人产生深刻记忆，嗅觉也能激发消费者的购物行为。视觉所能接收到的信息量是巨大的，但嗅觉所记忆的信息是精准的。韩国首尔的唐恩都乐为了鼓励消费者连带消费，开发了一台能够散发咖啡味的广播机，希望顾客能够在消费甜甜圈的同时，外带一杯咖啡。当这台广播机在公交车上放送唐恩都乐的广告时，咖啡的香味便会飘散而出，弥漫整个车厢。而当车停靠公交站台时，乘客下车又会立刻看到唐恩都乐的广告牌。这种别出心裁的营销方式，不仅给消费者带来新奇感，也让车站附近的唐恩都乐增加了29%的营业额。

2. 店铺的门面可以瞬间抓取注意力

"酒香不怕巷子深"，这句俗语耳熟能详。但是，你有没有想过这样一个问题：如果大家的酒都香，那该怎么办呢？这个时候，你的酒就需要有足够的亮点。

就拿服装店来说，一条街上的服装店，服装款式、质量都不错，店铺外观也相似，那么，来到这条街上的消费者会选择进哪一家呢？这是很难判断的一件事。但如果你家店铺的外在形象在这条街上是最突出的，那结果是不是可以预测？顾客大概率会选择外观形象好的店，因为顾客第一眼注意到的就是它。

这里和大家分享我带领团队参与的一个设计案例。品牌方是一个来自贵州的服装品牌，名为红提。在进行升级改造之前，店铺的整体色调暗淡，灯光亮度不足，整个门面缺乏亮点，很难引起消费者的注意。（见图1-2）经过设计后，我们决定用对比明显的红黑配色呈现门头，并选用简约明亮的白色作为店铺主色调，同时配合镜面设计和高亮度灯光，提升店铺的时尚氛围，使店铺整体感觉更加高级。（见图1-3）由于消费者的视觉对醒目的颜色以及高亮度的物体极其敏感，因此改造后的店铺能够一下子抓住消费者的视线。

一家店的外观一旦在第一时间抓住了消费者的注意力，消

● 图1-2

● 图1-3

费者很快便会对这家店产生好奇心，从而产生进店的想法。有了让人眼前一亮的外观，店铺的内部装修更要让消费者有耳目一新的感觉。当店铺内部的视觉匹配不上外观的华丽时，消费者心里是会产生失落感的。所以，零售店设计不能只做表面功夫。

　　红提的店铺内部整体色调也延续了门头字体上的红色，红白相间展现出来的视觉冲击感更加强烈，同时与店铺里面所展示的"潮流女装"风格相衬，整个视觉活泼而不违和。（见图1-4、图1-5）

● 图1-4

● 图1-5

场景氛围是最容易吸引顾客的，所以，我们在里面设置了很多氛围打卡点，供顾客拍照休息。（见图1-6、图1-7）久而久之，顾客的留店率也就提升了。同时，顾客在休息的过程中，

● 图1-6

● 图1-7

也会注意到周围的商品,引起试穿的好奇心。

　　这个历时 4 个月不断打磨的店铺形象设计,提升的不仅仅是美感和留店率,获取的也不仅仅是消费者的瞬时注意力,更大的惊喜在于形象升级之后的第一个月,销售额就已经提升了 40% 以上。

　　这就是瞬时注意力的魅力。第一时间抓住顾客的注意力,不给顾客任何犹豫的可能,才有机会引发后续的购买行为。而瞬时注意力的来源,必定建立在足够突出的店铺形象上。所以,好酒不要藏起来。在这个时代,酒香也怕巷子深。在店铺形象上,请你大胆地创造美、表现美。

3. 产品的外观可以集中人们的注意力

　　高颜值的东西总是能被人分外注意。

　　现在,有不少产品会用颜值来"蛊惑"人心。猫王复古收音机,就是一款靠颜值取胜的产品。复古的造型、自带高级感的颜色,让猫王收音机一下子成了网红产品。相比之下,其他的普通收音机则逊色太多。在收音机日渐没落的今天,一个猫王收音机却重新唤起了几代人的记忆。对于现在的年轻人来说,它可能不只是一台收音机,而是一件关于旧时光的收藏品。想想看,如果它的样子还是和老式的收音机一样普普通通,消费者还会买单吗?

4. 品牌的标志、形象可以引发消费者的长期注意

闭上眼睛，回想一下星巴克标志，你能想起来它长什么样吗？没错，是绿白相间的人鱼造型。说到苹果手机，大部分人也可以直接描述它的标志：一个缺了一口的苹果。好的品牌标志，能够在不经意间打进消费者心智。

一旦你记住了这个品牌，不管你去哪个地方，总能注意到它的存在。这就是一个优秀的品牌标志所带来的长期注意力。当一个品牌的标志可以用很简单的语言描述出来的时候，它博取注意力的能力就越强。

品牌形象也是品牌在吸引消费者注意的一个重要因素。早期，麦当劳推出了一个麦当劳叔叔的形象。当时，很多见过它的小孩，都会日思夜想地要见这位麦当劳叔叔。一个有趣的形象，其实是很让消费者动心的。几乎贯穿了好几代人生活的腾讯QQ，就是最好的例子。要说对于腾讯QQ最深刻的印象是什么，莫过于那只QQ企鹅。不管在什么时候，只要一说到QQ，就能让人立刻联想到那个圆嘟嘟的企鹅形象。

为什么我们能够牢牢记住一个形象？因为它是品牌具象化的体现。我们很难记住文字表达的东西，却很容易记住一些小图标或者动画人物。所以很多品牌就利用了这一点，通过创造品牌形象，赋予品牌人格情感，让消费者更容易记住。

如果你想要获得消费者的长期关注，那么打入心智是最好的办法。而进入心智最好的方法，不是文字，而是视觉。

5. 品牌故事可以占据消费者的注意力

"我并不懂鞋子，我只懂给予"，布雷克·麦考斯基这句话一说出来，汤姆布鞋（TOMS）这个品牌便诞生了。在我还不认识这个品牌的时候，偶然间看过关于它的宣传片。看完之后，我被它的故事深深折服，同时，我也记住了这个品牌。宣传片第一句话，就勾起了我的兴趣。"汤姆布鞋最开始并没有做鞋子的想法，事实上，是因为鞋子短缺而使汤姆布鞋做起了鞋子。"

阿根廷是一个很美丽的地方，拥有着独具特色的自然风貌。在一次旅程中，布雷克·麦考斯基来到了阿根廷的一个小山区，那里的小孩子每天需要步行数里去上学，或者是寻找水源。道路崎岖泥泞，他们的双脚却没有一双鞋保护着。那时候，布雷克·麦考斯基希望能给这些买不起鞋子的小孩一些帮助。为了给这些孩子一双鞋，他以阿根廷传统布鞋为灵感，在阿根廷成立了汤姆布鞋这个品牌。这个品牌就如同布雷克·麦考斯基所说的一样，"我并不懂鞋子，我只懂给予"。"One for One"（你一双，她/他一双）的理念自始至终贯穿着整个品牌。它的含义就在于"给予"。每当消费者购买一双鞋子，汤姆布鞋就会送一双鞋给地球上有需要的孩子。这种不求回报的给予，让人觉得无比温暖。

一双鞋可以创造美好的明天，这就是创始人布雷克·麦考斯基的初衷。就是这样一个故事，让我在无意间记住了一个名为汤姆布鞋的品牌。很多时候，再完美的销售数据，都比不上一个有感染力的故事来得动人。毕竟，故事得人心。

消费者的购买欲，始终离不开注意力的引导。如果想要全方位得到消费者的注意，店铺视觉和品牌标志是首先需要思考的。接下来，我们应该思考的是改进产品外观，提升产品差异化，然后是创造品牌故事，用故事来占领消费者的心智。

纵然消费者的心理和观念千变万化，消费者的注意力最终会落在产品上面。接下来就随我一起挖掘，产品是如何捕获消费者的注意力的吧！

02
CHAPTER

第二章
商品自我开口的时代

> 在中国，中小企业的平均寿命仅 2.5 年，集团企业的平均寿命不到 8 年；在美国，每年倒闭的企业约 10 万家，而中国有 100 万家，是美国的 10 倍。
>
> ——美国《财富》杂志

另外一组数据也揭示，中国 500 强企业的寿命很短，只有 10 年，中国企业的平均寿命也只有 3.9 年。坊间早就有这样的调侃：中国的企业和企业家与螃蟹差不多，一"红"就到头了。这些数字，很难不让人难受。但深入思考一下，一定是有哪些环节处理不当，所以才会导致这样触目惊心的数据。

这几年，零售行业的变化巨大，在引言里我也提到了网红店兴起这一现象。为了抓取消费者的注意力，现在的店铺越来越注重门面设计，也逐渐有了为顾客创造视觉体验的意识，这绝对是一个大的进步，但还远远不够。网红店的爆发来势汹汹，但一些网红店的陨落速度也同样让人猝不及防。面对"网红店"这三个字，不少人发出唏嘘。难道是因为网红的运营模式行不通吗？不是的，只是这些消失了的网红店还没做到位。

曾经让大半个上海的人民抢着排队的赵小姐不等位，就是凭借店主的名气一夜之间成了网红店。两位店主一位是悬疑作家那多，另一位是主持人赵若虹，双方自身都带有流量属性，所以这家店一开张，就成了餐饮店中的"当红炸子鸡"。

这家店原本是丈夫那多献给妻子赵小姐的结婚周年礼。有一天，夫妇俩在尝试盐烤食物的时候，突发奇想，萌生出了开店将美食献给更多人的灵感。于是，赵小姐不等位诞生了。因为有浪漫的因子在，顾客的注意力被他们唯美的爱情故事吸引，便纷纷想要进店体验一番。本以为有了众人艳羡的开头，赵小姐不等位这家店可以走上一条业绩长红的路，却不料迎来了草草收场的结尾。究其缘由——产品始终跟不上噱头。

"盐烤菜"是赵小姐不等位的特色菜品。许多顾客不仅冲着这家店的故事来，还冲着鲜少尝过的盐烤特色菜过来。遗憾的是，菜品的味道并不能惊艳顾客，而是让顾客感到难以忍受。网络上，看到最多的评论竟然是"盐不用钱""一口菜配五口水"……当顾客抱着极大的期待慕名而来，排了很久的队，吃到的却是难吃的食物时，店铺就已经辜负了顾客的期待。长此以往，老顾客没能留住，新顾客又被劝退，最后，再没有顾客愿意进店了。赵小姐不等位的情况，就是如此。

当一家店自带流量属性的时候，其实它已经赢在起跑线上了。这时更需要店主去维护好产品，经营好用户体验，这样，品牌才能产生口碑。否则再大的流量，再大的优势，也会在顾客一次又一次的失望之中，消失殆尽。归根结底，就是产品得出色，路才能走得顺。

想要制造出色的产品，就要先摸清商品所面临的现状。话不多说，我们一起来探索一下目前商品面临的状况究竟如何吧！

商品面临的现状

如果用一个词来形容现在的商品状况，"平淡无奇"大致能概括。这并非以偏概全，近几年，确实很少出现令我们惊艳的本土产品了。事实上，你一定见过这样的现象：同品类的店铺所售卖的商品都相差不多，甚至还打价格战抢夺顾客。这类现象，也是造成顾客喜欢货比三家的缘由。

因此，用更加具体的话来表达就是，目前的商品基本上面临着同质化、无卖点、质量参差不齐的状况。

现状一：商品同质化

商品同质化，顾名思义，就是商品出现趋同现象，单件商品的可替代性强。例如很多店铺的服装样式、饰品款式、家具外形都差不多，消费者难以抉择，一旦顾客在两个店铺的产品之间选择困难，必有一方遭受损失。既然可替代的商品那么多，为何非要在你家买呢？部分商家还会通过打价格战抢顾客，而这最终会导致整个市场的混乱和无序。

这不禁令人深思，为什么商品同质化的现象会这么严重？

一个较为重要的因素是商家们为了达到控制成本的目的，会直接到固定的批发商那里拿货贴牌。这样的确可以降低研发成本，还能节省人力和时间成本。对于一个刚起步的店铺来说，这样的模式是比较适宜的，省时又省力，但不代表这样走起路来就能顺畅到底。之所以同质化现象带来的影响那么严重，是因为一家又一家的店铺发展了那么久，送到顾客面前的仍是那些和大众市场没差别的商品，既没有让顾客看到商品身上突出的卖点，也没有体现出产品之外的附加价值。

显而易见，在商品同质化的影响下，商品的卖点并没有很好地凸显出来。

现状二：商品无卖点

"耿直"，对于无卖点的商品来说，是最贴切的诠释。有时候不得不感叹一下，店家卖货卖得太耿直了！

为什么这么说？走过不少商场，也进过不少店铺，我发现许多店都有个共同现象——不管售卖的是何种商品，都是直接把商品摆放出来。一家卖裤子的店，没有经过任何设计就直接把裤子挂出来给顾客看。然而这个产品相较于其他同品类商品，它的优势在哪儿，顾客却很难发现。销售商品需要我们去挖掘商品的卖点，并且让顾客看到商品的同时就能看懂其中的卖点。

所谓卖点，就是商品的特点、亮点，而这些特点、亮点是难以取代的。一条瑜伽裤，如果你单单只是把它展示给顾客看，它就是一条普通的瑜伽裤。但如果你把顾客的关注重点引导到这条瑜伽裤可以燃脂瘦腿这个优势上，这条瑜伽裤的价值就不一样了，它不是市面上其他瑜伽裤可以替代的。

再举个例子，便利店里，饮品柜中的酸奶琳琅满目，看久了都会让我头昏眼花。但是，一瓶印着"餐后一小时"的酸奶却引起了我的注意。这款酸奶的价格并不具备优势，包装也不是特别出人意料，只是"餐后一小时"这5个字让它看起来与众不同。其实，这就是它的卖点，它向我传达了"餐后一小时内喝，会更好地促进消化"的信息。所以，我会觉得它更有利于健康。这个案例说明了卖点包装能够催化消费者的购物行为。

或许，你会疑惑：我的商品没有什么卖点，该怎么办？

实际上，每一件商品都有它的卖点，但并不是每一件商品的卖点都得到了很好的挖掘和利用。卖点需要我们去找出来，然后一一放大，让消费者看到这个商品的时候，就能够感知它的卖点。就像"农夫山泉有点甜"，"有点甜"就是它的卖点，同时也是它的产品壁垒。因为，不是所有矿泉水的源头，都在丹江口。丹江口的水"甜"，造就了农夫山泉的"有点甜"。可见，它具有一定的不可替代性。

同类商品中，依云矿泉水以昂贵出名。12块钱一瓶矿泉水，超越同类产品售价好几倍。依云矿泉水为什么能够卖那么贵,而且还有不少人买?其实一点也不费解。如果是普通的矿泉水,一瓶12块钱一定没有人想买。但如果你知道这瓶水是来自阿尔卑斯山的千年积雪,用长达15年的时间慢慢渗透,再由天然过滤和冰川砂层的矿化而得到的呢?是不是立刻就觉得这瓶矿泉水来之不易,价格也可以接受了呢?

这就是卖点的力量。那些噱头很足的卖点,大多是下功夫深挖出来的,然后经过表述和包装,最终成就了一个博人眼球的产品。

现状三:质量参差不齐

2020年11月中旬,不少直播带货博主因为供货商货品真假掺卖遭到警告。往前回顾,2020年7月,知名火锅品牌小龙坎被曝光其火锅底料加了地沟油,而且用量多达2.2吨。再往前几年看,风靡一时的快消服装品牌,其质量不断被诟病……

可见,现在的零售环境中,不管哪个行业,商品质量参差不齐的情况仍然严峻。这就造成了顾客对大部分商品抱有一定的质疑。因此,顾客对于一个从没用过的品牌会自然而然地产生强烈的防备心,很难果断地下手购买它的商品。在顾客眼中,没用过的品牌商品可能带有某些不安全因素,特别是对美妆类和护肤类产品而言,除非这件商品外观和性能非常吸引人,才能够引起顾客强烈的好奇心和购买欲。

要想把生意做长久，产品质量必须够硬。有实力的产品，更容易建立与顾客之间的信任感，从而赢得口碑。凯文·凯利曾提出过一个著名的"1000粉丝"理论，即当你有1000个粉丝的时候，你就可以谋生。当你把1000个顾客都变为店里产品的粉丝时，店铺销量一定会节节攀升。

虽然近年来商品所面临的状况并没有那么好，但这也给了我们新的发展机会。当市面上的商品过于雷同的时候，更有助于我们去放大商品的差异化。市面上一些现象级爆品都是放大了自身的差异化，从而"收割"了一大批顾客。例如戴森吹风机、戴森卷发棒，还有星巴克猫爪杯……即使价格高，也不能阻碍消费者们排队疯抢。

为什么有些商品能成为现象级爆品？

成为爆款商品，需要具备以下几个要素：

外形差异

拿戴森吹风机来说，单是它的外形，就已经让人很诧异了，它的外观根本就不像一个我们认知中的吹风机。普通的吹风机，从吹风口到风筒屁股两侧是曲线的，就像一个橄榄球被截掉一端，然后安上一个手柄。而戴森吹风机不一样，它的吹风筒身两侧是直线的，像一个中空的圆柱体，再插上圆柱形手柄，整体看上去像个圆润的锤子，非常有辨识度。只要看一眼，你绝对不会忘记它的模样。

打造这种外形差异有什么作用呢？

外形差异是为了制造独特感，独特性越强，越能够让消费者注意到它的存在。如果在众多普通吹风机中混入一个戴森吹风机，你首先注意到的一定会是那个戴森吹风机。因为它的长相本身就与众不同。当然，除了足够独特、足够抢眼，它还能勾起消费者的好奇心。当一件所有人都熟悉的单品用不同的形态呈现出来的时候，消费者最容易出现一个想法：它真的是吹风机吗？它用起来跟普通吹风机的效果一样吗？而当消费者的好奇心被这件商品挑起来的时候，它的试用率会大大提升。

外形差异能激发消费者的消费欲望。星巴克的猫爪杯是一个典型的案例。猫爪杯没有其他特别的功能，就只是一个用于喝水的水杯，但它偏偏就成了一个爆款产品，刚一上市就被抢购一空，甚至市场价格一度被炒到了七八百块钱。而这一切，只因为它的外形足够特别，颜值足够高。猫爪杯和普通的玻璃杯不一样的地方在于它是一个双层的玻璃杯，外层形状像一个圆鼓，透过外层玻璃，可以看到内层玻璃铸成的猫爪形状。当把有色液体倒进去的时候，呈现在你面前的就是一只立体的猫爪。而当它简单地装满水时，透明的猫爪若隐若现，和外侧玻璃上的粉色樱花交织在一起，整个视觉感用"仙气"来形容也不为过。这样有颜又有趣的产品，很难不让年轻女性心动。况且，猫爪一向是迷倒万千少女的一个萌系元素,甚至还衍生出"猫爪控"这类人群。可以这么说,猫爪杯的出现,一开始就有明确的受众基础。

性能差异

  外观上的差异能够立刻获得消费者的关注,而性能上的差异收获的是消费者的口碑。

  还是以戴森吹风机为例,它除了外形奇特,更让人惊喜的是它的性能。快干省时,护发蓬松,噪声小,这些就是戴森吹风机的基本性能。普通吹风机对于头发又长又厚的女生来说,也许没有那么友好。因为单纯靠灼热的风来吹干头发,不但很难吹干,还容易伤发,导致头发干枯毛糙。戴森吹风机的出现,刚好解决了这些痛点,用强风来吹干头发,而不是传统的热风,吹干长发基本上只需要 5 分钟,既节省时间还能减少对头发的损伤。而且它噪声小,拿起来也轻便不费力,即便价格高昂,也丝毫不影响消费者对它的喜爱。因为它本身的性能与实力已经足够强劲了。

赋予产品情感

  独特的外形和性能都能吸引消费者的注意,让商品获得消费者的另眼相看,不过,也存在这种情况:有些商品既没有亮眼的外形，也没有能与同类商品拉开差距的性能，但它就是成为一款爆品了。

在澳大利亚的超市里，最出名的就是巧克力货架，各式各样的巧克力整齐地排列在货架上，每一排都弥漫着幸福的气息，壮观又甜蜜。可是，在这样种类繁多的巧克力货架上，要想脱颖而出可不容易，除非外观足够惊喜。

不过，却有这样一个巧克力品牌，外观并没有很突出，却成为巧克力货架上的香饽饽，澳洲人民疯抢的对象。2020年，新冠病毒席卷全球，澳洲也不可幸免。谁也没有想到，疫情之下的澳洲竟然迎来了一场"厕纸危机"，不但粮食脱销，连厕纸都难买。更令人难以想象的是，吉百利旗下一款叫Caramilk的巧克力也被抢购一空，当地的居民们甚至调侃它比厕纸还难买。既然这款巧克力外观并没有什么亮点，为什么还那么受欢迎？

事实上，在澳洲人眼里，这款巧克力代表着一种温暖。故事要从新西兰一个小镇达尼丁说起。在当地，有一条"世界上最陡峭的街道"——鲍德温大街，它全长350米，坡度19°（35%），独特的地理条件使它成了一条天然的滑道。一到放学时间，就是这条街最热闹的时候，孩子们像刚出壳的小鸡一样，闹哄哄地在这条街上跑，骑着三轮滑行车从最高处往下滑。这条街道承载着孩子们的欢声笑语。

而街上的一切欢乐，都被一个巧克力小作坊的老板尽收眼底。当地有一个小小的巧克力作坊，因为地处旅游景区的关系，这家巧克力作坊生意受到了镇上的居民和游客的照拂，越做越大，成了工厂。加之居民和游客的传播，巧克力工厂声名远播。

后来，吉百利也闻声而来，并最终和工厂老板达成了收购协议，一同生产了让澳洲人疯狂的 Caramilk 巧克力。

收购之后，工厂的生意更好了。为了回馈当地的居民和孩子，这位老板在鲍德温大街上开办了小朋友都喜欢的"巧克力球奔跑大赛"。利用鲍德温大街得天独厚的地理优势，将巧克力球倾洒而下，让它们从上往下滚动。而参赛者只需要花 1 元买下巧克力球上的编号，接下来，就全看巧克力球的速度了。每组最快到达终点的 15 个巧克力球，其编号主人将会获得丰厚的礼物。而工厂在这个赛场上所获得的收入，会全数捐给慈善机构，帮助那些身患绝症或无家可归的孩子。

15 年来，每年的 7 月 1 日，都会举行这场"巧克力球奔跑大赛"，而那一天的鲍德温大街上，人山人海，欢声雷动。直到 2017 年，巧克力工厂因资金链断裂面临倒闭，主打产品 Caramilk 巧克力也随之下架，同时举办了 15 年的"巧克力球奔跑大赛"也宣告结束。本来以为这场巧克力大赛已经画上了句号，永远地留在小朋友们的记忆中。没想到，发出声明没过多久，小镇居民竟然开始自发地筹集投资来帮助这个巧克力工厂渡过难关。不到 24 小时，就有十几万人参与进来。短短 48 小时，就已经筹集到 300 万新西兰元（约合人民币 1400 万元）。

当得知这一消息的时候，老板热泪盈眶，除了感谢，他无法用任何语言来表达内心诚挚的感激。其实，大家做出这样举动很简单，就是单纯地喜欢"巧克力球奔跑大赛"，也因为这样有良心的企业而感到温暖。后来，这家巧克力工厂在居民的帮助下恢复了运营，而澳洲人喜爱的 Caramilk 巧克力也得以继续在超市的巧克力货架上售卖，每次上架都被一抢而空。可见，对于当地人来说，这款巧克力是饱含情感的。人们的注意力在于巧克力的情感价值上，这就是它和其他巧克力不一样的地方。外观可以复制，味道可以复制，但温热的情感是复制不了的。

这些产品之外，还有很多爆品，例如苹果手机、黑科技美容仪 ReFa、智能垃圾桶……在大多数人眼里，可能只看到商品的销量和受欢迎程度，但很少有人去思考它有哪些爆点。大部分商品在成为爆款之前，是需要寻找和策划爆点的，那么我们应该如何策划商品爆点呢？

策划商品爆点，吸引消费者的注意力

不管你是店铺老板、产品经理，还是产品设计师，最不能抛弃的就是"爆品思维"，一旦脱离了"爆品思维"，产品就很难达到一鸣惊人的效果。所谓爆品思维，就是策划产品的爆点，以爆点来带动商品的市场热度。而策划商品爆点，离不开这6个爆款要素：

受众人群广

受众人群广，指的就是受众范围广。受众范围是产品产生销量的基础，大部分情况下，受众范围越广，产品销量越可观。当然，这仅是最基础的因素，离开这个基础，商品很难产生可观的销量，仅具备这个因素，也不一定能保证销量剧增。

像我们前面聊到的戴森吹风机，它的受众范围就很广，几乎每家每户都需要吹风机，而戴森在这个受众基础之上，又在性能特征上做出差异化，解决了以往吹风机所不能覆盖的用户痛点问题。所以，它成为爆款是必然的。

如今，不管是国内还是国外，对于在外打拼的年轻人来说，租房已经成为生活必选项；对于外出旅游的人士来说，房屋短租也是常常需要考虑的问题。可以这么说，租房所延伸出来的商机数不胜数。2008年，世界第一大短租平台爱彼迎在旧金山诞生，为美国居民提供酒店、民宿、公寓短租等服务。在短短不到3年的时间，它的用户增幅达到了800%。"爆款平台"的称号，当之无愧。

爱彼迎之外，这些年也出现了不少用户量急剧上升的平台，如拼多多、樊登读书等，剖析它们定位的受众后，可以发现它们的受众范围也是十分广泛的。爱彼迎针对的是旅行者和需要短租的人群；拼多多的受众人群则是三、四线城市比较会"省钱"的女性；樊登读书针对的人群是渴望成长的群体，包括家长、职场人士……这样的受众，早就奠定了成为爆款的基础。当然，它们在经营的策略上也非常出色。好策略碰上了广泛的受众，擦出的火花必定会更加耀眼。

颠覆感强

颠覆性，意味着超出了人们的认知，也意味着某种事物的出现能够让人疯狂。1903年，第一架飞机诞生的时候，它是颠覆性的；1946年，第一台计算机出现的时候，它是颠覆性的；2007年，第一批智能手机进入中国的时候，它更是直接颠覆了我们的生活……毫无疑问，这些东西刚出现的时候，它们超出了我们的认知范围，所以会让我们备感惊奇，令我们忍不住想要亲自体验。这就是颠覆性产品最大的杀伤力。

越是颠覆，越是惊奇，就越容易引起消费者注意。在我们平常的认知内，白酒这种饮品不免带有点"爹味"。在很多年轻人的观念里面，白酒更多是老一辈人的选择。而江小白的出现，却颠覆了这些固有观念。2012年，一款高粱酒出现在了年轻人的视野里。它褪去了往日粗犷又喜庆的外表，换上了简约风趣的装扮。酒瓶上，标志性的卡通人物立刻减轻了白酒的"年龄感"，再配上"我是江小白，生活很简单"的宣传语，立即拉近了白酒和年轻人之间的距离。后来，江小白还在酒瓶上设计了一些风趣的文案，例如"用一杯酒的单纯，去忘却世界的复杂""纵然时间流逝，我们依然年轻""太过认真就不可爱了，但可爱一定是认真"等，更是让年轻人对它充满好奇。就这样，江小白在年轻人群中找到了自己的受众群体，成了属于年轻人的白酒。仅用一年时间，它就上榜2012年中国酒业风云榜年度新品。

为了迎合更多年轻人的口味，江小白还推出了"果味白酒"，并宣传各种新喝法，如加水果、加汽水等，更加颠覆了年轻人对白酒的认知。就这样，在历史悠久的五粮液、茅台这一众老牌白酒中，江小白杀出了一条血路。

虽然颠覆性产品让消费者产生的惊奇感具有时效性，但是，不断迭代，不断为消费者制造惊喜，正是经营者必须用心的地方。要知道产品成功的秘诀就是"总是能满足，常常被吸引，偶尔很惊喜"。

颜值高

这个时代，颜值已经绑架了不少人的思想，可以说，颜值就是注意力本身。在现代社会，颜值成了一种诱惑因子，引导着消费者买单。很多人会对一个普通玻璃杯的价格思量再三，却能够毫不吝啬地花费大价钱购买一个星巴克的杯子。归根结底，还是因为颜值动人。抛开杯子这类日常用品，颜值定律几乎贯穿了各个零售领域，即便是以美味为导向的食品行业也是如此。例如雪糕，便利店里那些平平无奇的雪糕，外形说不上惊艳，口味也大同小异，实在没什么新鲜感。不过，正是因为如此，才衬得故宫的雪糕犹如人间瑰宝般别致。

2019年的秋天，故宫的雪糕突然之间火遍全网，究其缘由，竟然是因为颜值高。神兽、莲花、长城……这些带有中国文化色彩的标志，摇身一变，成为一个个精致的立体雪糕，引得不少人前去购买。社交平台上关于"故宫雪糕"的讨论热度居高不下，消费者都被雪糕的独特造型所吸引和打动。一夜之间，故宫的雪糕成了自带流量的"颜值网红"。

在现在的零售领域内，大部分人走的是"多数人走的路"，但想要脱颖而出，往往需要一个与众不同的设计点，其中颜值是最容易被触达的。因为，颜值本身就是一个博取注意力的焦点。

性价比高

性价比高，简单来说，就是使用价值超过产品本身的价格，可以理解为顾客在看到某件商品的时候，能够凭直觉感知到花这个价钱买到这件产品很值得。

随着生活越来越智能化，智能类产品也逐渐成为热门。其中，智能门锁的热度尤为突出，国内出货量从2015年的200万套，到2017年猛增到800万套，智能门锁成为名副其实的爆品。为什么越来越多的家庭愿意花一两千块钱换一个智能门锁，甚至连现在出租的公寓都不惜花重金换上智能门锁？

因为在大多数人的认知里，没有什么比"安全"更值钱。安全，一直是一个家庭在布置家居的时候优先考虑的因素，同样，对于一个租客来说，租的房子安不安全，也是首要考虑的因素。而智能门锁在大大提升房屋的安全性的同时，使用便利，住户不用考虑带钥匙这件事。既安全又提升了便利性，这就是它让人心动的理由。除此之外，智能门锁还能对租客和住户进行分级管理，不用担心租客退租之后，因持有房间钥匙，而造成下一任租客的不安全感。智能门锁可以直接把原租客的密码资料从门锁软件上删除，最大程度保护了租客的个人安全。这个性能给屋主和租客吃了一颗定心丸，成交率自然也随之升高。

智能门锁正是为了给生活提供更多安全感而存在，所以对于消费者来说，它的使用价值远远高于它本身的价格，即使相较于传统门锁价格不菲，还是有很多人愿意买单。

许多女生热衷的医美项目也是如此。只需花费一定金钱，就可以获得抗衰老、排毒等功效，对于爱美的女性来说，实在是一个高性价比的项目。而对于不感兴趣的人群来说，这不过是一笔无聊无用的开支。所以其实打造性价比的关键不在于产品本身，而是它的受众能否感知并接受。

换个角度来说，产品的性价比其实是制造了价值和价格之间的差距，在产品原有的价值基础上，将价值感放大，将顾客的注意力引导到被放大的产品价值上，用价值来衬托价格。这时候，顾客潜意识里会认为这款产品的性价比高，购买起来自然也不会有过多的犹豫。

那如何放大产品的价值呢？我们在后面会详细讲到。

创造需求

乔布斯曾经说过："用户并不知道自己需要什么，直到我们拿出自己的产品，他们才发现，原来这就是我想要的东西。"

现在，很多年轻人的生活已经被外卖覆盖了，不管是上班，还是周末，只要快到饭点，第一件事就是打开各个外卖软件点外卖。不过，你还能想起点外卖的习惯是从什么时候开始的吗？

在美团、饿了么这些外卖平台出现之前，大部分人很少想到外卖点餐，而当时的外卖服务的确不够发达，人们对外卖毫无依赖。而当美团、饿了么出现之后，生活开始不一样了，特别是对于一些在外工作的年轻人来说，外卖点餐，方便又节省时间。慢慢地，年轻人开始"以点外卖为生"。在外卖出现之前，我们很少有这方面的需求，但是它一出现，很多人的日常生活里，就离不开它了。所以，是外卖平台创造了人们的"外卖需求"，而不是因为人们有了外卖需求，才出现外卖平台。可见，美团、饿了么就是凭借创造需求而走红的产品。

何为创造需求？简单来说就是激发人们的潜在需求，使消费者得到满足。

在这个案例中，"外卖点餐"就是人们的潜在需求，这一行为本来是没有的，但是由于外卖平台的出现，人们对于便捷就餐的潜在需求就被激发了。于是，点外卖成了一种习惯，而外卖平台成就了一片产业。

再比如扫地机器人，在扫地机器人出现之前，人们无法想象如何在家务面前解放双手，而当扫地机器人出现后，人们无时无刻不在想着用全自动代替手动。这就是创造需求。当消费者没有遇到这件产品时，他不知道自己有这方面的需求，但一旦它出现了，消费者就知道那是他想要的东西。

因此，如果你认为你的用户没有需求，那就为他们创造需求。不要害怕所谓的"无中生有"，人性当中追求快乐、逃避痛苦的定律，就是你最大的保障。

迎合热点

有一些产品突然销量暴增，并不是因为它本身有足够强大的特性，而是因为跟上了流量的脚步。

其实很容易理解，一些官方时尚机构总会预告下一季的服饰流行元素，当消息一出，便立刻有设计师开始运用这些元素进行设计，而商家在挑选上架服饰的时候，也会重点关注带有当季流行元素的产品。同时，这些元素还会在各个网站上被科普宣传。短短的时间内，这些流行元素在各个社交网站上流传开来，消费者的视觉开始被这些流行元素占据，他们做出了搜寻适合自己的元素和服饰的动作。于是，那些迎合当季流行元素的服饰就占了上风，商家的利润也将会更可观。

这就是一场追赶"热点"的买卖。

当然，不仅在服饰领域有热点可循，影视方面的热点更得到零售市场的偏爱。《复仇者联盟3》刚上映的时候，接连几天登上微博热搜。这波热度引来了不少品牌的垂涎。可口可乐推出了相关包装的无糖特饮；万斯（VANS）和《复仇者联盟3》合作推出了联名鞋；日本的大塚家具也携手漫威推出相关家居产品，而且多达150款……这些联名产品使品牌的销量大增，而且还获得了一批新用户。

在网络时代，从来不缺热点，抓住了热点就抓住了商机。明确商品的爆点，打造爆品可以事半功倍，如果能够懂得延伸产品价值，那更是锦上添花。

如何延伸产品价值？

延伸产品价值，其实就是放大产品的价值感。

为什么要放大产品的价值呢？因为消费者有理性的一面，当他对这件产品产生兴趣的时候，不一定会立刻消费，而是会有一个理性的声音在问他们"值不值得买"。而放大产品价值，就是让顾客从内心认同这件产品值得买、买得值。

案例1：50元2斤的大米，到底好在哪儿？

50元2斤的大米，你会买吗？或许你会质疑，50元2斤的大米跟平时5元1斤的大米有什么区别？这个区别，其实就是放大产品价值的最佳入口。

在台湾，这种50元2斤的大米不仅销量很好，甚至还要排队购买。到底是什么米呢？这是一个农产品品牌——掌生谷粒。他们家50元2斤的大米，从包装上就流露出一种温和感，暖人心窝。朴实的牛皮纸袋，上面贴着一张"饭票"，标示着米的品种、生产日期等，简简单单却意义非凡。它是掌生谷粒的系列产品之一——长期饭票。

"长期饭票"，这4个字本身就带有温暖的情感。就像是一个与你相交多年的好友长期向你敞开家门，用好饭好菜招待你一样。掌生谷粒对于"长期饭票"的解说暖人心扉，同时，也将大米的价值一瞬间拔高了。

为什么会叫长期饭票呢？长期饭票所秉承的初衷是"与我

们吃遍全台好米，让新鲜好吃的台湾米直送您家厨房"。这一系列主要是给顾客推荐好米，让顾客不用烦恼怎么选择好吃的米，并且还可以享受送米上门的服务。买过米的人都知道，扛米的时候很煎熬，而长期饭票刚好解决了用户这一担忧，十分周到。在他们的官网里，也很明确地表示"用最刁钻的味蕾，来挑选台湾各地的好米，每月固定配送到你家"。因为美味，所以值得长期享用；因为没有负重，所以值得长期依赖。这就是长期饭票。短短的4个字，展示出来的是满满的贴心，不仅为产品提供了附加值，也体现了米的优质之处。

米有多优质？掌生谷粒将他们的米归为"有乡下味的米"。

"有乡下味的米"，听起来是不是觉得很有画面感？脑海里仿佛浮现出了一片金黄的田野，一些朴实的人在用心地耕种着稻田，心无杂念，耐心等待着美味绽放。就如同官网所说的，"乡下来的白米，和不碾干净的糙米，包藏着来自土地的殷殷祝福，用最简单纯粹的风味，说最深层的情感"。

每一句话都向我们透露：它是有情感的大米，值得人们购买。

长期饭票系列大米是新鲜碾制的米，是全台好米，也是送货上门的米……从产品、理念、服务各个方面都将价值延伸到情感之上，这就是它和别的大米不一样的地方，也是能定价50元2斤的坚硬底气，它拥有普通大米所没有的价值。

案例2：吃进肚子里的不是橙，是励志

国产水果的颠覆品牌，非褚橙莫属。确实，褚橙一出现就自带高光，10斤每箱的褚橙，最低也要108元一箱，而珍品级别的，甚至要188元一箱。更令人难以置信的是，贵于市场均价几倍的褚橙，却十分受欢迎。很多商家都表示褚橙不够卖，一售即空。

为什么褚橙卖那么贵，却不受价格影响，仍然受欢迎？

还是那句话，它懂得延伸价值。在外观上，褚橙和其他橙子比起来，并没有什么特别之处；口感上，冰糖心的褚橙比大多数橙子甜一点，但这好像也不是价格比普通橙子贵几倍的原因。真正让褚橙提升价值的，是它的栽培者褚老褚时健的故事。

"褚橙"是褚老74岁时的创业项目。在此之前，褚老因经济违纪入狱，可谓是经历了人生的大起大落。这么看来，褚老的确是一个充满了争议的人物。争议越大，反差感也就越大，反差感越大，也就越容易引起人们注意。

  褚时健，1928年出生于一个农民家庭
  1949年进入云南边纵游击队
  1955年担任玉溪地区行署人事科长
  1979年担任玉溪卷烟厂厂长，"红塔山"成名
  1994年被评为全国"十大改革风云人物"
  1998年因严重经济违纪入狱
  2002年获保外就医后，74岁的褚老回到了哀牢山，种起橙子
  2010年"褚橙"风靡大街小巷，褚老也随之成为津津乐道的传奇

褚橙，正是因为褚老曲折的经历，才有了另外一个含义——励志。褚老一生的故事，就是一段励志传奇。褚橙则是这段故事的映射，它的出现让人们的关注点不只集中在果实的甜度上，还进一步聚焦在褚老的励志史上。

每一个褚橙都是"只要还能站起来，一切都有可能"最热血的宣告；每一个褚橙都是"从头再来，依然能走向辉煌"最好的诠释。所以，作为一个励志橙，它就拥有了和其他橙子不一样的宣传点，它包含着其他橙子所没有的正能量，在正能量欠缺的当下，这是一种很珍贵的情感和态度。一个橙子，给予人们正能量，鼓励人们不惧困难，这就是它的延伸价值。吃褚橙，吃的不是一口甜橙，而是一口重新开始的勇气。这种正向鼓励，对于很多人来说，是无价的。这正是褚橙最大的保护壁垒，其他同类产品很难模仿。

我们分析了两个品类普通，却能卖出好人气、好价钱的品牌，它们成功的背后必不可少的是懂得融入自身优势来提升商品的价值感。

如何延伸商品价值呢？总结一下：

1. 放大品质优点

放大品质优点，就是把商品身上的优势提取出来，比如质量好、口感好、耐摔、防水等。这个品质最好是别人没有的，而你有，或者是别人也有，但你的更加出色。

比如上面所说到的掌生谷粒的长期饭票系列大米，它的产品品质比普通大米要优质得多。而褚橙是培育出来的甜度高的冰糖橙，比普通橙子甜度更高。这样的品质，在同品类中会更受欢迎。找到产品的优点，并在宣传中着重突出这一点，会更容易激发消费者的求好求异的购买心理。

2. 添加商品附加值

添加商品附加值，也就是提供赠品或者是附带服务。就好比掌生谷粒的大米可以直接送货上门，解决了用户扛米的苦恼，这个举动卸下了不少家庭主妇身上的"重担"。商品的附加服务，更能够让顾客感到贴心，商品在顾客心目中的价值感自然就上升了。

3. 融入情感

情感最能触动人心。让消费者明白一件商品背后的初衷和故事，更能触动消费者内心柔软的地方。掌生谷粒推出长期饭票系列的用意在于表明台湾农业是充满温情的存在，它值得你喜欢。台湾的米真的很棒，所以我们极尽一切办法，来拉近大家和台湾米之间的距离。

从产出动机来看，这个产品已经有不一般的意义了。每一句动人的宣传语背后，都蕴藏着满满的情感，既有对台湾农业的肯定和期待，也有对用户的真心和用心，渴望将最优质的东西留给顾客，这对于顾客来说是很暖心的一件事。

在产品的打造上，提升价值是必要的，这是塑造品牌的必经之路。

赋予产品价值，重要的不只是讲一个故事，而是要用故事向顾客传递温度和情怀，能够打动人心的产品，走到哪里都会成功。

4. 产品包装带来的仪式感

> 如果你无法使你的产品看起来不同，那么你可以让你的产品包装看起来不一样。
>
> ——劳拉·里斯

相信大家肯定看见过关于"记录开箱"的短视频吧！"记录开箱"，就是指记录打开包装盒的过程，比如图书开箱记录、美妆开箱记录等。为什么只是简简单单地记录一下开箱过程，就会有成千上万人观看呢？

因为每个人都渴望仪式感，特别是女性。

就好比女性经常强调各种纪念日，她们并不是一定要贵重礼物或特殊行程，而是渴望一份特定日子里独有的仪式感。对于女性来说，仪式感是"爱"和"重要"的表达，是美好的象征。而一次有仪式感的开箱，能激发观看者内心的愉悦，哪怕是过了很久之后，再回想起来，也依然能沉浸于当时的美妙感觉。

什么样的包装才能带给消费者仪式感呢？

小众绿植品牌 VERD&ÁGUA 对于产品包装，一直抱着这样的理念：产品是生产商送给用户的礼物，它是值得等待的。它的包装，也真的做到了注入顾客的期待。一盆小小的盆栽，外包装是精致的礼盒，拆开盒子，首先映入眼帘的是一张卡片，里面写满了关于植物的介绍及养护技巧，十分贴心。创意设计公司 Robot-food 的圣诞限定袜子包装也同样不走寻常路。它特别推出的罐头系列，是将袜子卷好后装在一个罐头铁罐里。如果你没有打开，一定会以为它就是一个普通罐头。直到你打开它的时候，才会惊喜地发现，原来是一卷卷可爱的圣诞袜子。

这就是仪式感所带来的愉悦。当一个产品的包装能够为消费者带来心灵上的愉悦时，它一定会被人们记住。

▎好产品，需要有好陈列来突出优势

产品再好，也需要陈列来让顾客一眼看到。现在整个社会环境都很浮躁，消费者的心理也处于较为急躁的状态，他们没有时间听店铺导购一一介绍产品，所以，我们只能引导顾客自己去发现产品的好。陈列就是一个引导工具，它能让顾客一眼就明确这件商品的卖点和性能。那我们应该如何用陈列来辅助产品，让产品更好销售呢？

1. 突出卖点

突出卖点，是做陈列的重中之重。我们平时能看到的推销人员、地推海报等都在着重向顾客强调卖点。卖点能戳中顾客，顾客才更容易买单。如果一个货架的陈列设置能够直接把卖点体现出来，那成交量也会逐步上升。

突出卖点，最需要用到的就是 POP（卖点广告），店铺里竖立的产品推荐海报等，就是 POP。那如何用 POP 突出卖点呢？

位于商品附近。POP 一定要放置于相应商品附近，方便顾客在注意到 POP 的同时立刻找到相应商品的位置。这是放置 POP 的时候最基本的要求。

注明商品卖点（效果、故事、材料、材质等）。POP 作为卖点广告，一定要把商品的卖点标注清楚。例如日本一家卖窗帘的店铺就直接在 POP 中展示了遮光前和遮光后的效果，让消费者一目了然，以此来引起消费者对商品的兴趣。（见图 2-1）

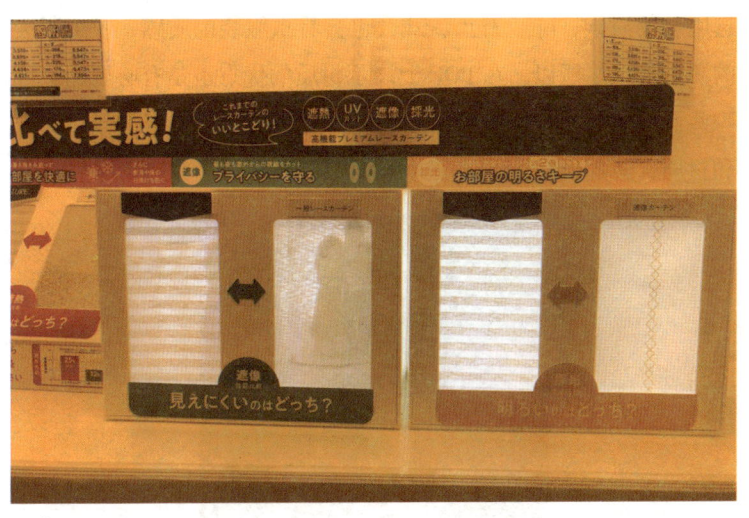

● 图 2-1

当然，除了以效果作为卖点，故事也可以成为一件产品的卖点。故事多用于文创产品，因为文创产品大多走的是情怀路线或个性路线。在这种路线上，故事向来最得人心。所以，故事对于文创产品的情感塑造是很重要的。让顾客一眼就明白产品背后的含义，顾客对于产品的心动程度会大大提高。举个例子，读者实体店里面摆放的文创产品，每一个都会介绍产品的设计理念，或者是背后的故事。其中有一款名为"不闻"的手机壳，手机壳上印着捂住耳朵的佛陀的半边脸。手机壳旁边摆放着POP，阐述了"不闻"的意义——"佛陀的微笑安静地绽放在洞窟里，不悲不喜，不嗔不怒"。让人一念，便回味无穷。

  材料、材质也可以作为卖点来增进顾客对商品的了解。通常情况下，材料和材质是服装POP需要着重考虑的。顾客在挑选服装的时候，除了看重款式，也会看重服装的质感，了解服装的洗护方式。所以，在POP上展示材质的优点也是有必要的。如一些快消服装品牌会在商品的POP上标明服装的设计背景、款式和材质，还提供搭配方式，让顾客一目了然。（见图2-2）顾客无

- 图 2-2

须多费口舌，就能掌握商品的信息，这就是一种贴心的行为。

注明赠品或者附加服务。这能够让顾客立刻看到商品自带的"附加值"。消费者都有贪图便宜的心理，当消费者看到类似买一送一、赠送礼品，或者是免费保修等信息时，会对这件商品更动心。

注明打折信息。打折信息也是商品的卖点之一，醒目的打折信息会让顾客对这件商品产生好奇。因为消费者的眼球会优先捕捉对他们有利的信息，当他们看到打折信息时，第一反应会是：什么东西在打折？优惠力度大吗？随即，他们就会到那个区域寻找打折商品。

2. 突出搭配

组合陈列是突出搭配的最佳法宝，也是很多店都会使用的陈列方式，特别是服装店，因为它能够在无形中产生连带消费，增加商品销售率。

这时候，我们就需要认识一下PP（重点商品陈列）和IP（单品陈列）了。以服装为例，穿在模特身上的服装展示，就是重点商品陈列，也就是PP；而一件一件挂在侧挂架上的是单品陈列，就是IP。再比如，家居店中，成套展示出来的商品，如整套床品展示、整套碗筷展示，就是重点展示；而货架上整整齐齐排列的商品，如货架上有规律排列的枕头、瓷器等，就是单品陈列。

组合陈列就是将PP和IP结合在一起的陈列方式，是各类店铺中最常用且有效提升连带购买率的陈列手法。绫致时装旗下的品牌，像维莎曼（VERO MODA）、杰克－琼斯（JACK & JONES）等，就将这种陈列方式运用得炉火纯青，营造出一种"只有成套搭配才能穿出范儿"的错觉。事实上，这些品牌耍了一点心机。它们并不是单纯地将单品挂出来，而是在每个单品旁边摆放上了模特的搭配展示，这种做法是为了引导顾客先注意到模特身上的服装搭配，再从旁边的单品中选择商品。（见图2-3）

所以，顾客第一眼看到的是模特搭配，然后觉得搭配好看，才会去挑衣服。这时候商品的连带率会更高，因为顾客的第一印象是整套衣服的搭配，而不是一件单品。仅仅购买一件单品，并没有办法完全满足顾客当下的需求。这也是为什么那么多品牌店喜欢用组合陈列的原因。

● 图 2-3

3. 突出性能

性能是商品重要的一部分，也是消费者较为关注的一部分。有些性能强大的商品，可以通过陈列展示来凸显它的优势。

比如，上海华为智能生活馆一楼电子产品区域出现了许多电子屏幕，这些电子屏幕滚动播放新品介绍，以便顾客立刻就能知晓产品性能；瑜伽服品牌露露乐蒙（Lululemon）则是会用一些肢体比较夸张的模特动作，来表达瑜伽服延展性强、耐拉伸的性能。

4. 突出产品体验

能够让顾客预知商品的使用感，就是产品体验。拿美妆产品来说，如果消费者对色号或者是使用质感不了解的话，在选择上会感到迷茫。所以，美妆产品的货架前面一定要有一面镜子以及试用装，让顾客先体验产品，消除顾虑，才能更好地做出选择。对于服装也是如此，需要腾出空间来做试衣间，而且试衣间内要配有镜子，先让顾客自己判断是否合适。同时，店铺最好能为顾客提供鞋类、帽子等配饰来辅助搭配，减少顾客在配饰选择上的苦恼。这就是对于产品的提前体验。

好产品可以推进一家店持久发展，而一家体验好的店铺也能为产品覆上光环。一门生意如果想要长久地生存下去，少不了店铺营造的优质体验。

03
CHAPTER

第三章
引爆注意力的窗口
——店铺

店铺视觉的力量到底有多大？

店铺视觉，主要起引导作用，让顾客不知不觉进入店铺的吸引范围，当顾客回过神来，已经进入这家店了。世界上就有这么一家谁都无法拒绝的另类发廊。

伦敦的佩克汉姆皇后大道上，坐落着一家伦敦最另类的发廊——DKUK 理发店。每当有人经过，它总能引起过路人的注意。透过外部的玻璃窗可以看到里面黄蓝交错的展架，上面展示了各种画作以及图书，给人一种独特的视觉冲击感。更让人意想不到的是，这是一家没有镜子的发廊，取代镜子的是一幅幅挂画和艺术展品。展馆和发廊的结合使这家店的店铺视觉呈现出奇妙的艺术感，整体感觉十分抢眼，当你注意到这家发廊并走进去时，你一定会想要立刻把头发交给发型师，完成一次和艺术的碰撞。

不仅是国外的理发店，国内的理发店比起以前也精致了很多。不免让人想起小的时候,只要一面镜子、一张老旧的椅子、一把有年代感的剪刀、一位上了年纪的发型师,就可以满足我们的理发需求。但是现在,除了关注手艺,我们也开始根据理发店的外观来选择去哪里理发。

是我们变了吗?不,是街道变了,环境变了,致使我们想要更高层次的美感和更好的体验。所以,理发店也在不知不觉中步入了店铺经营的第二个阶梯——视觉。追求美是人的天性,我们都没有办法抗拒美好和有趣的事物。所以,我们很容易就会被那些新鲜有趣、高颜值的东西所吸引。实体店也是一样的,新鲜有趣和高颜值的店铺,才能吸引消费者的注意力。当然,不光是理发店,国内各种零售行业都在一次次的视觉变迁中重塑形象,变迁的背后,是零售从业者们用力捕获消费者注意力的决心。

那么,零售店的视觉究竟经历了怎样的变迁?现在就随我来探索吧!

世界最初的零售商店视觉全貌

日本桥旁孕育的第一座零售商店

曾经,一座日本桥使整个东京都变得热闹繁荣。现如今,首都高速公路横跨在日本桥上空,使这座令东京都走向繁荣的桥逐渐失去了交通要道的地位。不过,它所孕育的世界零售商店代表——三越百货，仍然值得我们品鉴一番。

16世纪，日本一条名为江户本町一町的街道上，熙熙攘攘，人来人往，俨然一派繁华大都市的景象。这片繁闹地带上，人气最旺的当属一家名为"越后屋"的吴服店（见图3-1）。由于"明码实价现银销售"和"想顾客所想、按需销售"的开创性经营方式，一时间赢得了当时消费者的关注。这家拥有独特经营方针的越后屋，便是如今大名鼎鼎的三越百货的前身，也被许多学者认为是世界零售商店的开端。

• 图3-1

1904年，（株）三越吴服店宣告成立，并提出了向零售百货业发展的百货店宣言，亚洲第一家百货就这样问世了。宏伟气派的形象，使三越吴服店成为东京都内自带关注度的繁华标志。三年过后，为了能够再次博取消费者的注意力，这家古老的百货商店开设了首家咖啡厅。三越吴服店还专门设置了艺术部门，让店铺视觉跟上时代的变动，以不间断地引爆消费者的注意力。那段时期，西式思维走进日本。为了迎合趋势，三越吴服店设置了欧式风格的休息室，以接待国外顾客。小小的转变，象征着三越吴服店业态转型的起步。1907年的三越吴服店，正式从传统百货向综合型百货迈进。

三越百货有个广为人知的地标，就是门前的两只铜狮。这两只铜狮的由来，要追溯到大正三年，也就是1914年。那时候，三越吴服店迎来了有史以来第一次大型的"改头换面"。原本的木制屋变成石造建筑，和之前不同的是，在这座石造建筑上，可以看到西式建筑的影子。（见图3-2）三越吴服店在门口添置了一对铜

● 图3-2

狮，这对铜狮迎接了一代代的消费者，成为日本最受欢迎的地标之一，不少国外游客慕名而来。对于三越来说，这对长期沐浴在灯光下的铜狮，不仅是光彩夺目的门面，更是现代化的象征。

壮观辉煌的石造建筑里，到底是怎样一派熠熠生辉的景象呢？

三越百货的中央大厅中，交错式的楼梯称得上当时变革性的视觉之一。交错式的楼梯设计，是从西方传过来的，平时较为少见，搭配楼梯顶部的浮雕拱门的设计，西洋感更足。正因为鲜少见到这么洋气的建筑，三越百货才在一时间赢得了消费者的注意力，惹得当时的人们都争相前来见识，蜂拥进店消费，甚至因为来的人过多，造成过度拥挤，需要实行人数管制。

三越百货，就这样成为人们聚会碰头的胜地。日本桥三越百货的现代化光景，使人们乐于在此片地区逗留、休息。不过这样的光景并没有持续很久。1923年，一场关东大地震把三越百货变为残垣断壁。废墟之中，三越百货临时店面迅速开张。这场灾难对于三越百货而言，既是毁灭性的打击，又是一次"重生"的机会。关东大地震过后第二年，三越百货重新开业，迎接顾客进门的仍然是那对勇猛贵气的铜狮。这座重新建造的三越大楼，气派丝毫不减当年。相比之前带有点西式味道的建筑，重生后的三越百货则是展现出更多的现代化气息。

作为三越特色的中央厅，铺满了大理石，两边顺势而上的扶梯，平衡了整个空间的结构。一进门，入眼便是各式各样的奢华设计。而当时精巧豪华的五彩玻璃天花板，则见证了跨世纪的风霜雨雪，仍然留存至今。

昭和年代，三越百货的中央大厅又有了些许变化。1927年，三越大厅改为三越剧场，奠定了其表演艺术时代先驱者的地位。对于当时的市场环境来说，三越百货将剧场放置于百货大楼之中，完全是创新之举。剧场里，彩绘玻璃装饰的拱门、丰富的木雕刻纹，与华丽的歌剧互相辉映。不难想象，昭和年代的三越剧场，有着怎样深远的影响力。

1960年，壮观的天女像在三越剧场中央落成，成为三越百货又一标志性景点。这座天女像出自艺术雕刻家佐藤朝山之手。树龄高达500年的老桧木，经过大师佐藤朝山十年的精心雕琢，最终成为惊世大作。这座让众人屏息的天女像，象征着三越百货的核心理念——真诚服务。此后几十年，她就矗立在商场中央，默默见证了三越的日益兴旺。

日本桥三越百货作为日本的重要文化财产，它的建筑外观和装修数十年来都维持原状。如今我们看到的日本桥旁的三越百货，仍然保留着昭和时代的特色。在当地政府的保护下，这座日本桥三越百货也许不会再出现颠覆性的变化，不过，保留一个时代的文化和美好，又何尝不是一件美妙的事情呢？

或许，将消费者的注意力从单纯的逛商场引导到体会一个逝去时代的美好上，才最让消费者动心。

坐落在巴黎东岸的古老百货商店

对于百货商店的起源，说法不一。有学者认为是16世纪日本的越后屋,也有西方学者认为是 1838 年诞生于法国巴黎的乐蓬马歇百货公司(Le Bon Marché)。不管最后结论如何,都不影响我们探索的欲望。因为,一家跨越百年的百货商场,对于我们来说,本身就极具诱惑。

豪华富庶的巴黎左岸,有着多元文化生活的圣日耳曼德佩,也有着接受艺术洗礼的蒙帕纳斯,而在寸金寸土的第七区,还屹立着古老的奢侈品百货——乐蓬马歇百货公司。有趣的是,"Bon Marché"在法语中有商品便宜的意思,但商场本身却不迎合平民的消费水平。这家便宜商场的商品价格并不便宜。

时间回到 1838 年,维多兄弟创立了一家名为乐蓬马歇百货公司的百货商店,但没过多久,便面临破产。直到 1848 年,布西科夫妇收购了它。之后,它才开始了传奇的历程。乐蓬马歇百货公司开始备受消费者关注是在 1852 年。当时,经营乐蓬马歇百货公司已有 4 年的布西科夫妇,开始寻求经营模式上的革新。通过明码标价,让顾客可以自由闲逛,不受店员干扰的创新经营方式,赢得了不少消费者的注意力,乐蓬马歇百货公司一夜之间利润暴涨。

不过,吸引消费者的不单单是这种自由购物的模式,更是富丽堂皇的商场本身。

宏伟的欧式风格建筑,形体厚重,尽显冷静而克制的优雅气息以及贵族般的奢华氛围,直接彰显了乐蓬马歇百货公司的地位——上层人士聚集地。雄伟壮观的建筑本体,其实就已经是"注意力"的代名词。只要你路过乐蓬马歇百货公司,便会被它的外观所震慑。(见图 3-3)走进商场内部,交错盘旋的扶梯、随处可见的古典浮雕、欧式庄重的照明灯……属于19世纪的繁华装饰，齐聚在这个空间。

● 图 3-3

到了1869年，乐蓬马歇百货公司的市价已经高达7位数，很快，它迎来了一次店面扩张。建筑师路易·查尔斯·布瓦洛联合埃菲尔铁塔的设计师古斯塔夫·埃菲尔共同构思和创作，便乐蓬马歇百货公司成为巴黎东岸的一座象征性建筑。

店面扩张后，乐蓬马歇百货公司的外观仍然延续庄重的欧式建筑风格，奥斯曼风格大屋顶、古希腊柱式、拱形门楣上的雕塑……尽显古典法式建筑的魅力。（见图3-4、图3-5）大厅顶

- 图 3-4

- 图 3-5

部则是采用大跨度的钢铁网格结构设计，打造玻璃天窗，白天阳光直接从棚顶倾泻而下，映照在拱廊上，闪闪发亮。

大厅的拱廊蜿蜒盘旋，跨越一片片区域。精美的商品陈列在通道两边，琳琅满目，让进来的人不自觉地想要环视一圈。（见图 3-6、图 3-7）乐蓬马歇百货公司里里外外都透露着豪华和气派。而它，可不仅仅是个购物中心。

1875 年，乐蓬马歇百货公司为自己敞开一扇艺术之窗，将一些区域留给艺术家作为临时工作室或画廊。此后，乐蓬马歇百货公司成了一个策展场所，为每一个前来的顾客献上艺术盛宴。

装点着奢华、自由、艺术气息的乐蓬马歇百货公司，百年间，风光无限。

● 图 3-6　　　　　　　　　● 图 3-7

现在，我们把目光锁定在1984年。这一年，对于乐蓬马歇百货公司来说，是大变革的一年。它被举世闻名的路易威登收购了。这也预示了，它迈入另一个全新的维度，将迎来更高的成就。此后，它的视觉开始变得大胆，让无数顾客疯狂不已。曾让顾客最为"疯狂"的，便是来自阿根廷艺术家林德罗·厄利什手下的"sous le ciel"，意为"天空之下"。

设计师将晴朗干净的"蓝天白云"（一种视觉装置）直接置于乐蓬马歇百货公司的顶部。一进商场，抬头便是湛蓝晴空，引人无尽遐想。为了和商场里的天空呼应，橱窗里装了一朵云，来吸引大家的注意。

让顾客为之惊叹的，还有这座商场里的"废墟"，乐蓬马歇百货公司赋予它"aura"的称号，名为"建筑废墟"。不同于"天空之下"的唯美，"建筑废墟"的美带有原生气息，极具张力。乐蓬马歇百货公司的大厅中，耸立着一座若隐若现的宫殿，重现了文艺复兴时期建筑的风采，也带给了顾客海市蜃楼般的震撼观感。细小的铁丝网构成缺失的宫殿，似有若无，让人想要定睛去捕捉它的外观，却又不能完全捕捉到。壮丽，又神秘；缺失，却仍然典雅。

在大厅的另一侧，玻璃天花板上悬挂着金属波纹板筑成的宫殿。和铁丝网宫殿一样，每一块金属波纹板之间没有相互连接，借由光影折射出来的虚实感，重塑着建筑的形态，制造出了建筑体缺失的视觉。飘散的建筑体，灵动而不失庄严，重新诠释了"建筑废墟"这个主题。

乐蓬马歇百货公司视觉上的精巧设计数不胜数，每一次都能让顾客备感惊喜。相信，它也会不断进行视觉上的更新和迭代，为我们展现更美的法式风采。

之后的乐蓬马歇百货公司到底会有怎样的惊喜的变化呢？我们一起期待吧！

百老汇街上的百年百货

亚洲的日本，欧洲的法国，它们辉煌壮阔的百年百货商场，让我们惊叹不止。不禁令人好奇，远在大洋彼岸的美国，在19世纪初，又是怎样一番景象呢？

1826年的曼哈顿凯瑟琳街上，英国人塞缪尔·罗德开了一家百货店，里面摆放着各种各样的生活用品，日常所需的商品几乎都能在里面买到。这家店并没有名字，看上去就像是一家做着小本买卖的杂货铺。直到1843年，塞缪尔妻子的表弟乔治·华盛顿·泰勒加入，才让这间百货商店有了一个传承百年的名字"罗德－泰勒（Lord & Taylor）"。当时的罗德－泰勒百货公司并没有太过华丽的装修，简洁且质朴，看不出有半点奢侈品的架子，也实在难以聚焦消费者的注意力。（见图3-8）

到了1859年，第二家罗德－泰勒百货公司在百老汇大街上开业，这时候，属于奢侈品百货的感觉才得以在这所建筑上展现。"五层大理石商场"，便是当地居民对于这家百老汇街上罗德－泰勒百货公司的另一种称呼。听到这个称呼便可以想象，它当时有多豪华。这座五层大理石商场，是百老汇第一家大型百货

● 图 3-8

商场。对于百老汇来说，它存在的意义不同凡响。没过多久，百老汇大街上的罗德 – 泰勒百货公司又进行了搬迁。1870 年，位于百老汇和 20 街的新铸铁大楼上，这个被称为女士大道的地方，新的罗德 – 泰勒百货公司大楼屹立而起。

● 图 3-9

　　这里的罗德－泰勒百货公司，又是另外一种景象。这家商店是由建筑师詹姆斯·H. 吉尔斯设计的。这座法兰西第二帝国式建筑，一建成就深受瞩目。四面檐屋顶高大而突出，在屋顶的侧面，则是拱形老虎窗，视觉上扩大了空间感。外墙平坦坚实，简单的花纹给这座建筑覆上了高级感，优雅而大气。让人忍不住在它面前驻足，欣赏它富有节制感的奢华美。（见图 3-9）

　　随着 1873 年金融危机的爆发，北美和欧洲迎来了经济萧条。罗德－泰勒百货公司在这场金融危机之下也进入了低迷期。不过，这并没有给它带来毁灭性打击，一切照常运转。1903年和1906年，罗德－泰勒百货公司分别在第五大道开设了新的分店。一时间，凯瑟琳街、百老汇、第五大道的4家罗德－泰勒百货公司商店齐头并进。

转眼到了20世纪，罗德－泰勒百货公司又迎来了不同的进程。20世纪初，第五大道424-434号，又一座高楼耸起。高达11层的商业大楼，融合了文艺复兴时期建筑的精髓，让不少人慕名前来观赏。古典的文艺复兴建筑外形，融合现代建筑结构，观感十分利落。两层石灰石底座，外墙呈柔和的乳白色，底座之上的墙面则是砌砖纹理，呈砖灰色，青绿色的屋檐则没有过多的修饰。整体色彩低调且高级，线条笔直且硬朗。如果你靠近这座大楼，你看到的是比以往罗德－泰勒百货公司大楼更简洁的建筑。此后，随着它不断地革新形象，一代又一代的顾客，把这座罗德－泰勒百货公司大厦推向了"城市地标"的位置。

可惜，后来发生的黑客事件，导致用户的信用卡和借记卡被盗，罗德－泰勒百货公司受到了严重影响。再加上2020年新冠病毒肆虐，这家美国百年老百货于2020年8月27日宣布破产。

不管最后结果如何，不可否认的是，它曾照亮过美国的百货业，也曾照亮过美国的商业形象。如今，第五大道的罗德－泰勒百货公司大厦仍是纽约地标，这足以证明它在美国商业上的美学地位。

俯瞰中国商业的视觉变迁

剖析了国外的商业视觉全貌,其实能发现,每个国家的商业视觉变化都跟历史以及本身的文化底蕴息息相关。回过头来,寻访我国的商业视觉变迁,你一定会找到令人惊喜的东西。

延续两千五百年的"店招"

提及中国的商业视觉,就不得不介绍一下"店招",也就是店铺招牌。平时,大街小巷,店招到处可见。但是,它背后的历史,你了解过吗?

其实,店招的前身是"幌子"。幌子又称帷幔,是用竹竿穿过布帘上端,悬挂在门前,以招揽生意。早在2500年前的春秋战国时期,就有幌子的存在了。最初,店家们就是靠着幌子来吸引消费者的注意力。那时候,商人开始分化为行商和坐贾。行商就是走街串巷做买卖的商家,他们用吆喝来引起买主的注意;而坐贾则是指在固定地点或店铺做生意,商家为了引起买主的注意,通常会将幌子高高挂起,招徕顾客。根据史书记载,幌子最初运用在酒铺上,随后饭馆、茶铺、药铺、杂货铺等都用上了幌子。

幌子的花样很多,大部分幌子都会用文字和图案来向顾客表明自家店的生意种类,有的则是会稍加修饰,以引起来往行人的注意。比如酒铺会挂葫芦、酒壶,药铺会挂两挂膏药……原来,从久远的春秋战国开始,商人就利用视觉来获取来往行人的注意力了。

随着时代的变迁,幌子也有了一些进化。宋朝时期,张择端的《清明上河图》(见图3-10,为作品局部)就向我们展现了北宋都城百市买卖的盛景。从这幅历史名画中我们可以看到,幌子花样繁多,有长条文字幌子、图案幌子、旗帜幌子、标志幌子等,甚至还出现了木制幌子,也就是木招牌。直白的商业表现形式,正好印证了那个质朴率真的时代。

幌子是中国最初的商业设计,在视觉上,它没有过多的艺术修饰,而是准确地表达信息。这种简简单单的视觉,也十分符合当时大众的审美品位。后来,进入近代,幌子又逐渐演变为民国时期的画报。老上海的街道、天台上空,都是这些画报的港

• 图3-10

湾。属于老上海的风情,都能在这一幅幅商业画报中看到。到了20世纪80年代,香港的霓虹灯招牌,遍布街市,成了最抢眼的"揽客者",也成了一个时代的商业标志。

如今,店招已经成为我们商业中不可或缺的存在,但是现在大部分店招都不甚讲究,甚至远没有宋朝的幌子来得有美感。必须承认,我们都忽略了这个绝佳的广告位,它本可以随时激发顾客的兴趣。

在中国商业视觉变迁的过程中,有太多像店招一样的东西,由于没有善加利用,而逐渐归于平庸,甚至湮没于历史的洪流。幸运的是,现代零售业在今天依然饱含生命力,并逐渐走向了世界舞台。百年前,中国第一家百货商场落成,属于中国商业的辉煌篇章由此开启。此后多年,虽几经沉浮,仍闯出了一个新天地。

中国第一家综合型百货

1917年10月20日,上海南京路上的行人比往常还要多,拥挤不堪,来往者络绎不绝。那是国内第一家自建百货大楼开张的日子,南京路上沸腾的人们,都是奔着这座名为"先施百货"的大楼而来。五层楼高的骑楼式钢筋混凝土建筑,在万众簇拥中,揭开了神秘面纱。(见图3-11)

在民国时期的上海,这样大型的西式百货并不常见。

文艺复兴建筑风格的外观,巴洛克风格的装饰物,让这座先施百货成为南京路上的一道风景线,也引爆了老上海市民的好奇

● 图 3-11

心。商场里的售货员一个个面容姣好，化着淡妆，这也在老上海一时间炸开了锅。5层高的百货大楼，更是让来往的路人充满了惊喜。因为在当时人们的认知里，百货商店就只是满足日常吃穿的需求而已，而这么大的百货，里面究竟能买到什么？

起初，人们进先施百货仅是为了购买一些日用品，却没想到进入的是一个吃喝玩乐齐全的场所。先施百货里面的设置，是搬用了澳洲百货的样式，其中1～3层是商场，共设有24个商场部门。在这里，顾客可以自由闲逛，无拘无束，而且商品都是明码标价，任人选购。明码标价在当时来说是一件非常令人意外的事情，因为"漫天要价，坐地还钱"的买卖形式，似乎已经成为常规。可见，当时的先施百货，不仅颠覆了老上海人民固有的买卖习惯，也给予了他们更好的购物体验。

先施百货的4层和5层，开设的是旅馆和酒店，而楼顶则设置了游乐场和花园。（见图3-12）这种娱乐购物结合的商业形式，是上海从来没有过的，就连外国人也为之惊叹。难以置信，在100年前的中国，我们就已经拥有了综合型大商场了。

中国零售商业的起点其实很高。不管是视觉上，还是商业模式上，现在看来，先施百货在中国商业史上的确是浓墨重彩的一笔。

● 图3-12

现代商业视觉变迁

一辆推车，一杆秤，一声吆喝，覆盖了几代人的记忆。这是最早的"简易零售店"。以前，大街小巷里，都能见到它的身影。有些商人会在固定的摊位上搭个棚子，摆上各种商品，吆喝行人前来挑选。这是街边店铺的雏形。这些店铺，以最淳朴的形态，陪我们度过了一段段平淡岁月。虽然它们只是满足了消费者的日常需求，并没有太强烈的视觉体验，但正因为平淡，才能体会到那个年代的质朴。

到了街铺的发展时期，我们可以在街上看到各种品牌店，埃斯普利特、佐丹奴、班尼路……基本上都是"霸街"品牌，来往顾客数不胜数。这个时期，许多品牌店处于扩张时期，但美感意识还没有形成。不过，换个角度来看，这些街铺也振兴了一条条商业街。

随着互联网的普及，网上购物出现了，它能快速地满足人们日常起居的需求。由于网上购物便捷安全、无时限性且价格低廉，人们不再热衷于出门逛街了。于是，对零售实体店的"威胁"即将到来。而在广州有这么一家店，在面对还未显现的威胁时，便率先进入了零售店的新纪元，用自身经历证明了视觉在零售实体店中的巨大威力。

2009年，广州北京路225号，一座带有岭南特色的旧骑楼里，歌莉娅225概念店开张了。它的出现，打破了人们对实体零售店的传统认知，也颠覆了大众心中的"实体店只有买卖"的固有观念。

5层高的旧骑楼，外墙被涂刷成砖红色，尽显岭南风味。不仅外形惹眼，店铺的内部设计也别出心裁。当推门进入的那一刻，一簇又一簇的鲜花围绕着你，如同坠入了爱丽丝梦游的仙境。顶部挂满了星星灯，抬头一望，犹如置身于星空之下，静谧而浪漫。不同颜色的花错落有致地摆放在一起，像极了一个普罗旺斯式花园。最后将视线定格在温室尽头的木棚和木椅子上，一切都像从欧式田园画里搬出来的一样，清新自然，悠闲自在。

　　每一个进来的人，都能感受到它的温馨浪漫。1楼开设的是花艺店，用各种植物给顾客营造了画面感和氛围感，让顾客对店铺产生向往。来自世界各地的进口花材，自然而然地成为这座自然主义花园之中的一角，为前来的顾客提供了片刻宁静。

　　进入2楼，又似乎来到另一个世界。2楼是服饰展览，从你踏进来的那一刻开始，这里就是你的衣橱。歌莉娅的与众不同，就在于它用服装来演绎环球之旅，每到一个不同的地方，就将当地的特色融入服装设计中，让顾客在它的服装里体会各地的风土人情。如果想要知道2楼的服饰灵感来源于世界哪个角落，3楼会为你揭晓答案。3楼是文艺创意展览区域，在这里，你可以看到以当季环球之旅为主题的展览，深入立体地了解到当地的景色和人文，以及当季服饰的设计元素，就像亲身体验了一段新旅程一样。

　　而4楼的餐厅，是为了让顾客能够在歇脚的同时，静下心来享受美食。餐厅的主题会随着当季的设计团队去到的不同地点而更换。例如以澳洲袋鼠岛为主题的"西素食堂"。西素食堂是一家素食主义餐厅。它所提倡的素食，并不是为了节食瘦身，而是将素食当作一种健康的生活方式。店铺里乳白色的墙面、木制桌子、西式花纹铁制椅，等等，一切都带有复古且素雅的基调。在这里可以看到许多袋鼠岛盛产的食材，以及作为空间装饰的植物，还可以看到当地众多艺术家的画作。从食物到整体视觉，都洋溢着袋鼠岛的风情。

第五层则是旅馆。繁华的广州老城区中，充满了喧嚣。而歌莉娅225的顶层旅馆为你带来的是远离喧嚣的一房一厅和顶层花园。每个人心里都有一座属于自己的花园，我们渴望在疲惫的时候身处花园享受片刻的宁静，也都希望能真真正正地让自己停留在一座无人打扰的花园里。

歌莉娅225的顶层旅馆，就是为了满足那些心中住着花园的人。每一位来到这里的住客，都可以独享草木葱郁的户外花园。坐在躺椅上，悠闲地喝着特制饮料，细细品尝精致的点心，沉浸在满目花草之中，静静等待黄昏的到来……谁不想体验一番呢？

很难想象，这样集视觉与体验于一身的概念店，在2009年就已经出现了。先吃螃蟹的人，永远是赢家。这家给人们带来梦幻体验的歌莉娅225概念店，如今仍然深受当地人喜爱。

回顾2009年到2013年这个时期，我们的零售店正处在一个不太注重店铺视觉的阶段，然而危机已经四伏。电商的崛起、外来品牌的入侵，让实体店的优势大打折扣。论便利，没有电商直接送货上门来得方便；论款式设计，又落后于当时的外来快时尚品牌……慢慢地，零售市场的颓势日渐显现。

当一件事物受到强大的打击时，要么重生，要么灭亡。2011年开始，我们的实体店就出现了非常"有趣"的现象。无论走到哪里，不管是服装店还是超市，总有店面挂着"跳楼甩卖""亏本清仓""全场低至1折"等大字条幅。触目惊心，却又让人心存疑惑。我们难道只能用这种方式来引起消费者的注意吗？

当然不是。既然我们能用刺眼的大字条幅来刺激顾客的眼球，为什么不能尝试用更有美感的东西来引起顾客的注意呢？2013年，一家网红奶茶店腾空出世，凭借一股"中国风"，让长沙的年轻人为之疯狂，如今，它已经成为吸引无数游客的"新晋长沙特产"。它就是许多中国年轻人心心念念的网红奶茶店——茶颜悦色。中国的奶茶店并不少，但是让消费者这么痴迷的奶茶店却为数不多。而它能在众多奶茶店中，聚焦消费者的注意力，离不开一个重要因素——店铺视觉。

在茶颜悦色之前，没有一家奶茶店是以"中国风"的形象出现在大众面前的。古色古香的木屋，充满了年代感，似乎一下子把人拉进古老的时光轴里。木屋上挂着一个红色底色的招牌，上面刻印着一位古代女子的头像，让整体氛围多了一股"中国古早味"，引得无数人一眼动心。茶颜悦色在外形上和其他奶茶店做了明确区分，辨识度极高，让大众很快记住了这个品牌。

它没有使用"打折""甩卖"等字样，而是用独具一格的店铺外观吸引顾客前来了解。这样博取顾客注意力的方式，是不是让顾客感到更加愉快呢？

店铺视觉是茶颜悦色让顾客初步了解品牌的窗口。换个角度来说，如果茶颜悦色的店铺外观，跟大部分奶茶店一样平平无奇，那它会成为网红爆款吗？概率小了很多！没有门面的吸引，哪来对产品的了解？

总而言之，用美感来刺激顾客的注意力，就是最聪明的手段。因为，那些整天张贴"跳楼大甩卖""清仓甩卖"的店铺，根本没有形成属于自己的特色优势，用户必然无法记住。庆幸的是，现在越来越多的零售店开始注重形象了。令我们反感的"跳楼价"式的宣传手段，也在日益减少。

不仅是餐饮店在视觉上有了突破，各个零售领域都迎来了一个"网红店"的时代。它们的视觉效果多惊艳呢？我们一起来看看以下几个例子。

现代网红店崛起

还记得新华书店吗？

回想学生时代，书店是我们最常去的地方之一。新华书店成了很多学生记忆中鲜活的一角。对于它的店铺形象，我们都十分熟悉。一块红色的店铺招牌，配上"新华书店"四个大字，成了三代人的记忆。现在，我们越来越难看到这样的红色招牌了。对于新一代消费者来说，在它身上的注意力已经随着时间被稀释了。

21世纪初，中国翻开了全网络时代的新篇章。随着网上购物的流行，亚马逊、当当网开始闯进我们的生活，于是，我们开启了网络购书的旅程。这场旅程，直接冲击了新一代消费者跟新华书店间的羁绊。实体书店彻底沦为"只是一个满足买书需求的场所"。但是，细细回想，书店的功能仅仅是供人买书吗？未必。

在那个物质还没有太富足的年代，能够在书店安静地待上一个下午，沉溺在一本书里，就是一场美妙的际遇。可见，书店对于那个时代的人来说，是一个休闲的空间。不过，这种美妙的感觉随着网络的普及，日益丢失。人们逐渐忘记书店带来的安静和愉悦。正当所有人都觉得书店差不多要走向没落的时候，新华书店又以崭新的面目出现了。不少年轻人闻讯前去打卡。小时候的新华书店，一夜之间成了"网红"。

案例1："新晋老网红"——新华书店

能够代表新华书店转型升级的开端，便是它的第一个主题书吧——新鲜空气。它完全颠覆了我们对于新华书店原有的认知。它摒弃了新华书店原本的红色招牌，从整个店铺的外观到内部的吊顶、悬挂装饰物、桌椅、书架，等等，都采用了木质元素。整个空间视觉，无一不在展现一种自然清新的"氧气感"。这种颠覆以往形象的美感，瞬间就捕获了消费者的注意力。

以前的新华书店，没有什么复杂的设计或主题，只是纯粹地展示书籍。但是进行了形象升级后的新华书店，既有纯书籍展示的理性空间，也有观赏性展示的感性空间。整体美感上升了，也让消费者有了更加新奇的体验。相信它能够永不停息地走进一代又一代年轻人的记忆中。

如果说新华书店的变革给了实体书店一个新方向，那喜茶粉色网红店的出现，则是把零售实体店拉进了一个新纪元。

案例 2:"咖啡 × 时装"的网红店零售模式

2017 年,喜茶的粉色店铺拉开了网红店的序幕。在当时来说,视觉效果惊艳的店铺并不多,大部分店铺比较中规中矩。所以,喜茶将整个店铺变成粉色,在很多消费者看来既大胆又新奇。而且喜茶增加了拍照打卡点,让顾客有了与以往奶茶店不同的体验。因为新奇度够高,颠覆性够强,消费者注意力得以高度集中在它身上,记住了店铺的同时,也记住了品牌。

喜茶粉色店是中国现代零售史上一场成功的视觉营销。之后,各个网红店接连而来。

在服装零售领域中,我们也可以看到很多服装品牌尝试形象升级。这些升级过后的店铺不但个性鲜明,而且还能成为年轻人结伴前去打卡的地点。

2018 年,潮流时装品牌我爱露露(LULUALWAYS)一下子闯入了不少年轻人眼中,成了购物中心最受欢迎的品牌之一。一时间,各大社交平台都可以看到这个品牌的身影。潮牌这么多,为什么它会活跃在年轻人的社交圈中?

这个品牌带有与生俱来的美感。可以这么说,我爱露露是极致的美学主义者,由内而外地渗透着法式复古的浪漫。"我的法式生活"便是我爱露露的品牌理念。在它的店里,你可以真正体会到罗曼蒂克的法式生活。

我爱露露的门面,年轻而有张力的复古红瞬间就能杀入顾客的视线。而它的橱窗则是以张扬的色彩和随性的涂鸦勾起顾客注意,以复古摆件和法式场景激发顾客进店欲望。它的自我色彩很强烈,而这正与现在年轻人所追求的与众不同的观感相吻合。

在店铺内部，你能真正感受到法式时尚感：洋气的彩色丝绒模特，浪漫的花草配饰，复古印花家具、欧式印花地毯，带有欧式田园纹理的墙面，明亮而富有层次的照明灯光……恍惚间仿佛进入了一个法式时尚庄园。

在我爱露露里，不仅能让你一饱眼福，还能滋养你的心灵，满足你的口腹之欲。为了延续"我的法式生活"这个理念。我爱露露开创了"咖啡×时装"的模式，为顾客营造一种优雅精致的生活方式。来到店里的顾客，都能坐下来静静享受耳边的音乐和精致的下午茶，翻翻书、欣赏一下插画……你所想要的轻松、悠闲、浪漫，都能在这家店里找到。

可能对于大部分消费者来说，它是个比较小众的品牌。但是，如果你仔细了解过这个品牌，就会发现，它的顾客忠诚度非常高，因为它专注于从各方面为用户提供精致的法式生活，而消费者的注意力也愿意聚焦在设计美感以及美好的生活方式上。视觉上的升级并不仅体现在茶饮和服装这两个零售领域，在旅居领域也给了我们极大的惊喜。

案例3：高颜值网红旅馆

早期的旅馆，只是一个供出行者落脚的地方，并没有很特别的体验，或者非同一般的感官视觉。而随着酒店的逐渐增多，旅居领域的差异化也开始显现。以前单一型歇脚的酒店，逐渐开始失去竞争力，而提供感官体验和服务，成了一家酒店和竞争对手拉开差距的法宝。

不少酒店为了给用户带来颠覆性强的沉浸式体验，特别设置了另类的主题。毕竟稀缺又有趣的东西，最容易引起人们的注意。浙江一家国内罕见的海景洞穴酒店，一夜之间火遍全网，引起不少网友去体验一番的兴趣。

"比土耳其还浪漫"是这家名为迷途·后隆洞穴酒店走红的噱头之一。温州南麂岛上，一个被称为后隆的小渔村，以蓝天宽广、星空璀璨、海水清彻、沙滩绵软、山峦翠丽的浪漫美景，滋养了当地的村民。而让这个小渔村成为广为人知的旅游景点的正是这个迷途·后隆洞穴酒店。

低矮的小山丘上，堆积着23个高低错落的石头房，这些石头房就是洞穴酒店。远远望去，一个个石头房镶嵌在这片蓝天碧海里，颇有几分希腊圣托里尼的神韵。在国内就能感受到稀缺的西式浪漫，试问谁能不心动呢？进入石头房，就像进入一个天然的大岩洞，眼前一片黄岩色。墙面布满了岩石的纹理、细微的起伏，配合暖色调的灯光，奇妙又温馨，感觉像躺在大自然的温床里一样。地面上有层次地铺着木质地板，床板也选择了胡桃木色，自然风味强烈。矮小的落地窗外，便是一片广阔的天空与大海。从屋里往窗外看，满眼都是清新的蓝色，余光还能看到蜿蜒而下的木栏杆，更有种身处圣托里尼度假的感觉。住在这样的酒店里，足不出户都像一场旅行，一切惬意且美好。

而夜晚又是一种不同的体验！窗外的夜空，星星散发着微光倒映在海面上，海浪慵懒地撞击着岩石，这一切多浪漫啊！任谁看了都想来体验一次。

人生因为有各种美好的体验而变得值得。而大部分美好的体验来源于五感上的享受,其中视觉是重中之重。这样与美景相伴的洞穴酒店,其实就是在为顾客创造美好的体验。所以才有那么多顾客一到那里,便发出"人间值得"的感叹。

一个拥有美感的店铺,已经领先 70% 的同行了。

如何打造一个能引爆注意力的店铺?

一个店铺是否抓眼对业绩影响有多大?用一句话来总结,即"无法引起顾客注意的店铺,很难有销量"。

在我教授过的学员之中,有一个学员让我印象十分深刻,她的执行力特别强,上完课之后就立刻自己着手改造店铺,原本是一家亏本的小店,在她一番整改过后,5 天就盈利了 6 万元,会员充值高达 12 万元。对于一个 10 平方米的小店来说,从亏本到 5 天盈利 6 万元这样的成绩,实属质的飞跃。

她的小店在改造之前,名为"摩西"。店铺内部装修十分简陋,陈列也十分随意,只是单纯地将商品展示出来,并没有装饰道具来吸引消费者,整体视觉没有质感可言。后来,经过一番改造之后,小店更名为"晨曦物语"。店还是那个 10 平方米的小店,但是视觉形象完全颠覆了以前的模样,店铺的场景感已经体现出来了。(见图 3-13)每一处,似乎都展现着店主梦想中的生活:清晨或午后,门外花草繁茂,店内摆满了精心挑选的精致衣服。客人来了就开心交谈,闲来无事就坐下研磨咖啡、泡泡茶,静享时光。

● 图 3-13

　　外观如此温馨，店内的陈设自然也带有店主想传达的温和感。纯白色的主色调、原木色的货架，体现了店主对原生态的追求。货架上的丝巾看似随意地散落在木盘上，实则是店主的精心设计（见图 3-14），还有货架上烙着品牌名的衣架（见图 3-15），角落里彰显着自然活力的绿植（见图 3-16），从店内每一个小细节，都能感受到店主的用心。

　　后来，这位学员在学完了一系列课程之后，觉得 10 平方米的小店不能够充分传达她对于美的理解，于是另开了一家更有品牌视觉属性的店，并邀请我们团队参与设计。店铺名字仍然是晨曦物语，但是整体视觉比之前的小店更为抓眼，也更有氛围感。

　　晨曦代表清晨第一道阳光，它是和煦而温暖的，所以门头呈现木屋形状，给人一种天然的温馨感。门口依旧保留座椅和植物，展现店主所向往的悠闲生活。（见图 3-17）店铺内部的设计也十分贴合门头所展示的自然感。整个空间色调由木色和暖白色组成，整体比较清新，展现出自然温和的视觉感。（见图 3-18）

● 图 3-14

● 图 3-15   ● 图 3-16

中岛台在进店第一眼就能看到的地方,在这个区域中,商品能够强力捕获顾客的注意力。(见图 3-19)值得一提的是,围绕"晨曦代表清晨第一道阳光"这个含义,中岛台顶部运用了像太阳一样散发光芒的圆形吊灯。点明主题的同时,能够让中岛区的商品看上去更有质感。

● 图 3-17

● 图 3-18　　　　● 图 3-19

　　阁楼窗户则使用了半通透玻璃砖材质，消费者能从一层隐隐约约看到二层空间，让空间视觉更加大气。右侧展示区最显眼的是弧形货架，犹如半个初升的太阳，背后则用纱帘、假窗和灯光模拟阳光从窗户外照射进店铺的感觉，增加空间温暖感。左侧展示区使用特殊造型货架作为点缀，令人眼前一亮的是壁面上使用的背发光大理石造型，看上去像升起的太阳，散发出温暖的阳光。进入后场，一眼就能看到中央立着的树。树和顶部镜子的搭配设计，拔高了顶部空间，增添了氧气感。同时，树在这个空间中显得尤为高挑，因此顾客一进门就无法忽略它，所以它也充当了引流工具，把消费者从入门处引流到后场。（见图3-20）

● 图3-20（效果图）

试衣间同样使用了圆弧造型，与外部空间相互呼应，强化主题。同时，试衣间内部使用的颜色与外部空间形成区分。为了统一视觉感，试衣间外部设置了弧形背发光试衣镜，让整体视觉看上去更加和谐。（见图3-21）

最舒适的地方就是阁楼的休息区了，木色桌椅和绿植结合在一起，营造出温馨的感觉，一进入这个区域，就能感觉到如晨曦般温暖而自然的氛围。（见图3-22）

● 图 3-21（效果图）

● 图 3-22（效果图）

因为拥有独特的店铺视觉，它的视觉冲击力较为强烈，进店率也十分可观，从而促使业绩比之前增长了 6~7 倍。可见，一个抓眼的店铺视觉，对于业绩增长来说多么重要。那么，我们应该如何打造一个抓眼的店铺呢？

打造顾客一眼心动的门头

法则一：标志字体要易懂。标志一定要出现在门头。想想看，当顾客第一眼看到一家店时，连名字是什么都不知道，难道还能对店铺产生印象吗？即使顾客进店后觉得很不错，但是在向别人介绍的时候，也无法叫出名字。标志不显眼，很大概率会错失传播良机！标志的字体也非常讲究，如果选择的是比较复杂难懂的符号或字体，绝对不利于传播，所以，一定要优先选择一眼就能看得懂的字体，再去考虑设计。

法则二：标志越简单越能占据消费者心智。如今我们看到的许多品牌标志都是慢慢简化而来的，比如星巴克、奥迪汽车、百事可乐等，而简化的目的，就是为了能够让消费者更容易地记住，将品牌打入消费者的心智。

法则三：纯色标志更有力量。有没有发现，我们身边很多标志是纯色的，即使采用多色，单个标志上运用的颜色最多也不超过三种，为什么呢？首先，比起彩色的标志，纯色的标志更加高级。除此之外，纯色标志给人更多的是一种专业感，能提升品牌专业形象，而且也更容易记住。

法则四：门头颜色亮。门头颜色也可以直接捕获消费者的注意力。像大面积的黄色、红色、粉色、亮蓝色等，都能够第一时间让消费者注意到。因为人类眼球的特性是趋光趋色，所以对大面积的色彩极其敏感。不过，在色彩的选择上，要优先考虑品牌调性，选择合适的颜色。

打造吸引顾客进店的橱窗

注意力即金钱。注意力已经被赋予了价值，成为一种社交货币，而店铺的橱窗就是抓取顾客注意力的最佳位置。如果把店铺比作一本书的话，橱窗就是这本书的封面。想让读者对一本书感兴趣，首先封面得有趣。店铺也一样，只要橱窗足够有美感，足够有趣，消费者就会注意到它。那如何提升橱窗的美感呢？可以尝试以下三个法则。

法则一：掌握结构美感。没有结构的组合，很难产生美感。而橱窗里的物品也是以组合搭配的形式展现在消费者面前的，所以需要特别注重结构。一般常见的橱窗组合结构有：

焦点式。这是最简单的一种结构，是指将单一的商品聚焦在橱窗中心，让消费者一眼就能看到。当你的主推商品比较少的时候，不妨考虑一下焦点式结构橱窗。

焦点式结构橱窗制作建议：

- 同色系背景

- 商品置于中心位置
- 夸张的模特（包括手模、腿模）动作会让商品更加显眼

对称结构。对称结构其实很容易理解，就是两个模特或两件商品呈对称式排列。对称结构最大的好处就是和谐、有秩序感，它能呈现出一种简单又易于被接受的美。ZARA 的橱窗就经常采用这种结构，对称布局，简洁明了，富有平衡感。

三角形结构。三角形结构，顾名思义，就是物体与物体之间呈现三角形排列组合。（见图 3-23）快时尚品牌的橱窗，就经常使用这种结构。三角形结构最大的优势就在于它能均衡画面，让整体视觉更加丰富。

● 图 3-23

法则二：道具定生死。很多时候一个橱窗的失败，不是败在结构上，而是败在道具上。一个不符合品牌调性或者商品氛围的道具，多少会产生一些违和感。在选择道具上，明确品牌定位和产品表达是重中之重。

根据品牌调性选择道具。比如，一个自然文艺风的品牌，它所选择的道具最好能体现自然气息，如树枝、绿植、稻草等与自然相关的道具；而少女品牌多数会选择可爱的大型毛绒公仔吸引年轻女孩的注意；一个商务男装品牌所选择的可以是办公椅、书桌等这类和商务男士有关联的道具。

根据四季变化选择道具。随着四季更替来变换橱窗也是一个不错的选择。这类橱窗的更新方案，会按照不同的季节来选择道具。一般来说：

春季道具：柳絮、花卉、风筝
夏季道具：白云、绿植、向日葵、太阳
秋季道具：落叶、枯枝、稻草、树桩、高粱
冬季道具：雪花、雪地、雪人、树枝

根据商品当季主题选择道具。这是很多品牌常用的一种选道具的方法，这个方法需要很强的想象力。比如爱马仕之前的一个主题是"追逐梦想"，于是它将蝶蛹和破茧的蝶搬到了橱窗里。

国内有些品牌橱窗也很会根据主题来选择道具，比如梵几。梵几有一季的主题是"院子"，为了体现院子的亲和感，设计师将奶奶手里的葵扇、爷爷常用的棋盘垂悬在橱窗里，通过日常生活中的物件唤起顾客满满的回忆。

当然，也可以用直接的手法来表达当季的主题。日本和光百货的橱窗曾用一束樱花来表达"绽放"，爱马仕的橱窗也曾用水滴状的纸片来表达"兴风作浪"。

法则三：让人深陷其中的场景。 橱窗场景化，就是将商品和道具结合起来组成场景，放置在橱窗中展现给消费者。虽然场景化橱窗制作起来难度比较大，但它的宣传优势十分明显，除了注意度高、观赏性强，场景化橱窗能够让顾客产生联想和共鸣，加深顾客对于品牌的记忆。因为，它自带故事性。

凯伦·米莲（Karen Millen）有一组橱窗让我印象特别深刻。它展现的是一群都市女孩的生活场景，这组橱窗一共有两个画面：一组是女孩下班时结伴去酒吧的场景，这群精致的女孩子，以喝酒聊天的方式，来舒缓劳累一天的疲惫感。第二个画面是女孩们上班的场景，她们褪去了在酒吧慵懒休闲的模样，换上时髦又干练的服装，步履不停地穿梭在办公室里。

这样与都市女性有关又贴近生活的场景，很容易让这一群体产生代入感，也很容易让向往都市女性生活方式的人群心生憧憬。这就是场景化的魅力，它具有观赏性、故事性，能够调动消费者的情感、引发消费者联想。

如何做好一个场景化橱窗呢？可以参见以下几点：

- 最好是生活中常见的场景，或者是幽默、搞笑的故事改编的场景

- 展现出来的场景内容积极正面，不要让消费者产生负面情绪
- 要跟产品挂钩，不要脱离产品

制造一条不择手段引诱顾客的神奇路线

你知道吗？其实消费是可以引导的，只要通过合适的方式，完全可以抢夺消费者的注意力，引导他们往你想要的方向走。我们通常把消费者在店铺内移动的路线称为动线。这条动线，就是我们可以"控制消费者行走"的神奇路线。

法则一：认识店铺格局。想要替消费者安排好行走路线，我们必须先来认识一下店铺格局。一般来说，店铺格局分为规则格局或不规则格局。规则的店铺格局一般是指那种方正型的，这种格局一般不太容易产生死角。而狭长型和不规则形区域，往往会被冷区拉低销量。（见图 3-24）

法则二：规划路线类型。想要知道动线如何设计，我们就要先了解常见的四大动线类型（见图 3-25）：

I 型：它是比较简单的动线，我们可以看到店内陈列基本集中在一侧，所以消费者会在对侧的同一通道做往返的动作。

R 型：即消费者在店内的动线呈一个 R 字母状。可以利用前后的流水台形成通道，让消费者转圈式浏览商品，延长在店时间。

热区 冷区

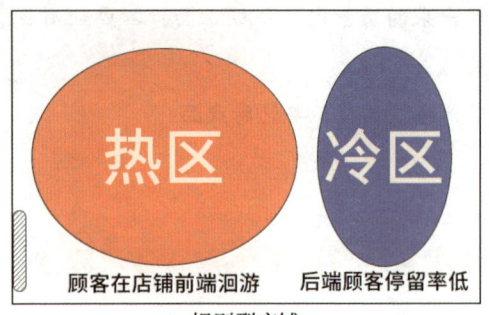

顾客在店铺前端洄游　后端顾客停留率低

规则型店铺

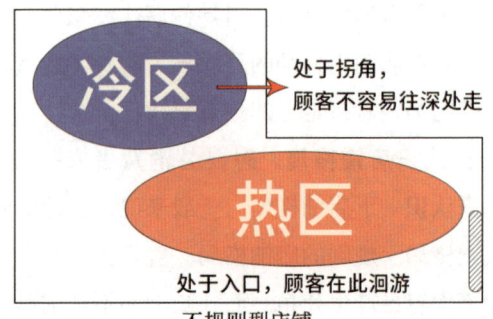

冷区 → 处于拐角，顾客不容易往深处走

热区

处于入口，顾客在此洄游

不规则型店铺

● 图 3-24

Ω 型：也就是消费者以中岛台为中心的环绕移动，这种动线会让他们看到的商品更多。

S 型：这是大型店铺最常看到的动线类型。消费者会因为左右两边交替出现的陈列，而不断深入店铺。这种动线最大的优势在于降低消费者中途离店的概率。

I型　　　R型　　　Ω型　　　S型

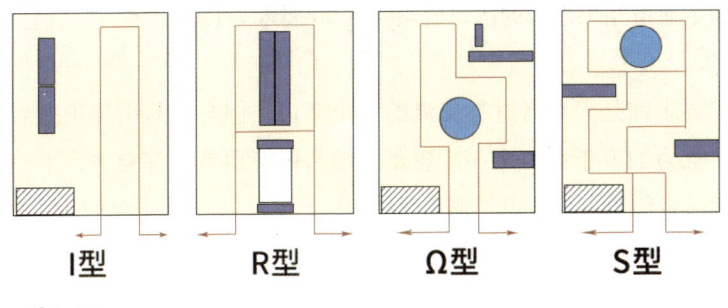

图 3-25

法则三：路线引诱点。引诱点，也就是我们常说的 VP，也称为磁石点。它作为吸引消费者眼球的存在，可以是一个亮眼的道具，也可以是由模特组成的场景，最主要的目的就是让消费者能够在短时间内注意到它。如果能吸引消费者的注意，就相当于完成了一部分路线引导。

引诱点一般设置在门口侧边处，用来吸引消费者进店；也会放置于流水台，吸引消费者注意到当季商品；还会出现在店铺中段、转角处和最深处，用来吸引消费者继续深入。

一般情况下，我们要抓住这些特征来设计动线：

右行习惯。大多数人有使用右手、向右走的习惯，如果店铺里面没有特别的指引，消费者也会习惯性地向右走。

趋色性。对亮眼的颜色有灵敏反应，是人类的天性，所以在设计动线的时候，可以适当使用一些亮眼的颜色来吸引消费者的注意。

宽度规划。比起窄的通道，人们会更倾向于走宽敞的通道，所以店铺的通道不宜过窄，一般主通道宽度在 120 厘米为宜，而和主通道互相连通的次通道宽度在 90 厘米为宜。

　　店铺是消费者进行交流的一个窗口,但它只是引爆消费者注意力的万千渠道之一。想要全面引爆消费者的注意力,下一章,带你全方位认识"视觉营销"。

04
CHAPTER

第四章
夺人耳目的视觉营销

视觉，是具有强大感染力的。

世界上有很多人需要被关爱，他们可能游走在社会的边缘，不被主流群体所接受，需要被包容，比如，艾滋病患者。1991年，美国服装设计师马克·哈佩尔（Marc Happel）以反战争的黄丝带为灵感，设计了"防艾红丝带"，随后，红丝带被广泛使用。

而俄罗斯设计师伊万·韦利奇科（Ivan Velichko）和伊万·瓦辛（Ivan Vasin）却认为，单纯的红丝带对一些人来说，意味着这是一种让患者羞耻、不被包容的疾病，而不是一个理解和帮助患者的象征。很难想象，如果继续使用红丝带，对这些患者来说会是多大的伤害？于是，他们以工作室的名义，接受艾滋病保健基金会的委托，重新设计了一组宣传标志，在红丝带的基础上，将丝带变形为红色马形公交车，上面载着不同职业、不同着装的人。在工作室的网页上，出现了这句话："只有两件事可以联结我们（患者和非患者），一个是战争，另一个是同坐公交车。"

这是一场公益性的视觉营销，借由图画向大众传递了患者与非患者之间渴望爱与传递爱的相互关系。

视觉营销带来的感染力颇深，就像这组设计一样，如醍醐灌顶。而我们的思想和行动，大部分都是来源于视觉的影响。我们的购买冲动和购买行为，基本上都来自视觉营销的影响。

何为视觉营销？

视觉营销，直观地理解是通过视觉美感和冲击力，来达到产品营销和品牌推广的目的。实际上，它的范围很广，包含了商品、陈列、空间、平面、传媒这五大部分。

视觉营销，一开始并不是一个非常完整的体系。最初的视觉营销，出现在第一次工业革命时期，当时资本主义已完成了机器大工业代替工场手工业的产业革命。由于机器代替了手工，工作效率迅速提升。随后，西方国家迎来的是一场大规模的商业发展。产出率的增高，使得商人需要更为快速地将商品售卖出去。于是，市场上开始出现了将商品展示在显眼的地方，并为顾客介绍商品的现象。这就是视觉营销生根萌芽的阶段。

推动视觉营销进一步发展是在19世纪中后期。当时纺织工业发展十分迅速，服装开始规模化生产，不再是裁缝一对一定制销售，所以街边的服装店纷纷将服装挂出来，方便顾客选择。而专门为客人量身定制的裁缝店，也开始展示服装样品，同时还在自己做的衣服上缝上专属标志。这一举动，成为品牌诞生的基础。

后来，随着工业革命的推进，大块的平面玻璃不再是难以获得的材料，越来越多的商家在自家店里安装巨大的玻璃窗，专门用来展示商品。这就是最早的橱窗。由于服装商店日益增多，规模日渐壮大，商家之间的竞争愈发强烈，于是，商人们开始追求商品的美感展示。视觉营销的一大分支——陈列，就此显现。

欧洲国家最早尝到陈列这项技术的甜头。当时，欧洲街边的店里，橱窗已经出现了。欧洲人习惯在橱窗里摆上店内的主推商品，由于欧洲人十分注重美感，所以，消费者被吸引到店铺橱窗前观赏的画面，成了欧洲一道特殊的风景线。(见图4-1)

● 图4-1

喜欢在店铺视觉上大展身手的不只有欧洲国家。那时候，只要途经美国萨克斯第五大道精品百货店的橱窗，人们就会不自觉地驻足停留。属于 19 世纪华美的礼服，伴随着模特优雅的姿势和奢华的装饰，展示在这间百货的橱窗里，每一处都迎合了当时女性对于精致的憧憬，吸引了无数女性的目光。（见图 4-2）

• 图 4-2

这些精美的橱窗在顾客的注视下，逐渐成了无声的"销售者"。当顾客望着这些橱窗来满足内心的憧憬时，这份憧憬感也将化成一双充满力量的手,引领着顾客走进店铺之中。很难想象,在一百多年前的西方商业生态中,商人们为了获取客人的注意力,已经将陈列发展成为一门技术,并从服装行业衍生到各个零售行业,日渐精湛。其实,在视觉营销中,跟陈列无法分开的还有另一个分支——空间。因为,没有空间,就没有陈列。一致的外在体现,才能展示出品牌内核。如果陈列没有跟空间进行配合,是很难真正达到用视觉来进行营销的效果。因为空间和陈列之间,最基本的就是视觉风格上的统一,如果任何一方脱离了视觉规划,都会给顾客一种进错店的感觉。

欧洲第一家百货乐蓬马歇百货公司从诞生开始,就定位为上层贵族采购的场所,所以不管是空间还是商品陈列,都十分气派。欧式古典的室内装潢,配合金色的商品展柜,在暖黄色的灯光照射下,宛如金灿灿的宫殿,一片奢华。当然,百年前的空间视觉和现在的相比,少了一些精细化的品牌形象设计,但是,能够做出视觉调性与消费人群调性上的统一,已经代表了视觉营销的高起点了。

后来,包括商标、广告画报这些平面设计,也融入了视觉营销的体系中。不过一开始,没有过于强调视觉体系化。同样是在19世纪中期,机械化生产使商品的产出更加迅速,所以商人们急需画报来让商品快速流通,这促使了平面印刷的兴起。不过,那时候只要求字体够大,够显眼,基本很少考虑到设计与商品本身的关联。即便到了20世纪50年代,许多平面画报仍然只为了博眼球而设计。

经常能在20世纪五六十年代的美国广告画报里看到一些穿

着暴露的金发女郎，手持产品，配合性感的姿势来博消费者眼球。早期的可口可乐、纪念牌香烟都出现过类似风格的广告画报。它追求视觉冲击力，利用性别诱惑大胆直接地获取消费者的注意力，但这些广告画报并不带有产品定位以及企业形象方面的思考。早期这些画报里的性感女郎给产品推广带来的效果不容小觑，不过，当所有产品都开始以这样的画面进行推广的时候，消费者们开始陷入视觉疲劳，曾经集中在这些画报上的注意力，慢慢消失殆尽。

直到20世纪60年代末70年代初，传媒广告才迎来了视觉策划的开端。广告教父大卫·奥威格所提出的"品牌形象论"开始被各大企业接受。奥威格认为，每一则广告都应该构成对品牌的长期投资，因此，每一个品牌和产品的推广都应该树立或投射一个形象。也就是说，现代传媒广告不仅要有视觉冲击力，还要根据产品定位和企业形象来进行策划，突出美感和辨识度，从而达到产品推广的目的，而不应像早前的广告一样，只为产品销售而服务。放大到整个视觉营销体系，也是如此，不单单只讲究视觉冲击力，还要结合定位和形象来做规划，以达到推广销售产品的目的。

为什么要做好视觉营销？

在纽约时代广场，每一处角落都在占领你的视线，每一块广告牌，都试图抢占你的注意力。目光转移到亚洲，这场注意力争夺战仍在继续。东京银座，在这个亚洲繁华的商业区，视线所到之处，都是闪耀的霓虹灯、大篇幅的广告牌……在这样繁华的地段，商家为了引起注意，连你的余光都不会放过。同样，北京王府井也充斥着抢夺注意力的元素。当夜幕降临，五彩的灯光、巨大的荧幕、辉煌的建筑，无一不在聚焦着人们的视线。

这场注意力争夺战，不仅停留在店铺外观上。在视觉营销体系中，也同样重要。简单来说，视觉营销就是快速让顾客注意并了解你的武器。因为，视觉是最能够直接和人拉近距离的。对于人类而言，美感的吸引力十分强大，人们对于自带美感的一切事物都极具好感，只要一接触到美好的视觉，就会忍不住想去靠近了解。

在国内，以前的店铺很少会考虑到视觉营销这个层面，大多数店主仅仅将店铺当作一个商品交易的场所。在当时从业人员的观念里，人力相当于交易的命脉，店铺主要靠人力来推动交易率上升。这也就难怪许多店铺都没有树立形象意识，反倒是在导购人员身上花费过多精力。这也是商业圈里视觉营销起步晚的原因。起步虽晚，却并非来不及。波司登、李宁、鄂尔多斯就是具备说服力的案例。

升级过后的波司登店铺有了主题性，所有的视觉都是围绕着主题展开的，最为震撼的一期主题便是"猛犸象"。从橱窗里就能看到一个视觉冲击力极强的巨大的猛犸象头，直接点明主题。在整个店铺的配色上，运用的是与白垩纪猛犸象相关的蓝色和纯白色，偏冷的配色也能够跟他们的主打产品羽绒服相互配合。

李宁就更不用说了，它凭借国潮设计风格走进了国内外年轻人的视野，成了国际潮牌。而让李宁成为国际品牌的契机，便是纽约时装周。在李宁第一次登上纽约时装周的那场秀上，它采用了全新的产品视觉，颠覆了以往中规中矩的模样，给观众们带来了新奇感，瞬间引爆各大社交媒体。而李宁的实体店也大有改变，从原本只是展示商品的场所，变为加入了霓虹灯、复古电视机等潮流元素的潮流体验空间。

　　如今，这些品牌已经摆脱了在人们心中固有的"老土"形象。他们改头换面，以崭新的形象惊艳了老用户，并且赢得了一批年轻新用户的追随，在零售行业竞争激烈的今天，他们用视觉营销扳回了一局。为了吸引新一代年轻消费者，零售品牌商们不得不变革，让自己的店铺外观、产品、平面宣传等一系列和品牌形象相关的事物拥有美感和个性。只有这样，才能提升顾客对产品乃至品牌的关注度，并且在消费主力军中保持热度。

　　星巴克每一季特别推出的水杯就极具代表性。在聊星巴克的水杯之前，我想问大家一个问题：你会花200块钱买一个只有喝水功能的水杯吗？

　　也许，你的第一反应是：当然不！

　　但星巴克真的可以让顾客花200块钱买一个只有喝水功能的水杯，而且还是争相抢购。为什么星巴克的水杯这么贵，还那么抢手？最大的原因在于它会用产品视觉来做营销。说到底，就是设计美观，且主题新颖，能够勾起消费者的情怀感。

　　星巴克的城市系列水杯就是很好的例子。它把每个城市独特的美融合在杯子上。对于旅行者来说，这个带有城市标志的杯子,不再只是一个简单的杯子,而是一份关于旅行的美好回忆。在"城市记忆"这一系列的产品中,星巴克把消费者对于一个城市的情怀放大,这是星巴克赋予产品最大的魅力。换句话说,用视觉来放大情怀,就是星巴克用来引爆消费者注意力的手段之一。

无论是商业中心、品牌老店,又或是街边小店,他们都在不断地改变形象,而且越变越高级。通过它们不断变化的形象,我们可以看出如今市场的竞争压力有多大,以及这些经营者的求生欲有多强。不可否认,视觉营销逐渐走向了"内卷化",即只有进行越来越精美的视觉设计,才有机会获得消费者的青睐。做好视觉营销,就是让这些经营者在起跑线上先跃一步。

毋庸置疑,未来,那些走在视觉营销前端的品牌,将会逐渐显露出"争奇斗艳"的景象。

视觉营销的三大目标

做好视觉营销固然重要,但是在设计视觉形象之前,我们必须先清楚做视觉营销的目的。围绕目标来做视觉,才能高效地进行营销。

在此,我给大家总结了视觉营销的三大目标:

通过店铺展示将品牌价值最大化

从事零售行业 20 多年来,我看过太多想做好视觉营销又做不对头的例子了。而造成"做不对头"的原因,就是对自己的产品以及品牌的认知不够清晰。做视觉营销,最怕的就是只关注外显,而没有抓住内核。

什么是只关注外显,却没有抓住内核?外显是一家店或者一个品牌的外在显现,最直观的就是店铺外观,它是和消费者建立联结的第一道桥梁。而内核就是产品的定位、风格。外显和内核之间必须有视觉风格上的统一,不然会让消费者对这家店或者这个品牌的整体形象感到分裂和突兀。可以这么理解,当一家店的外观做得十分精致、文艺,而内部的商品风格、陈列道具却粗犷得和外观的细腻感不相匹配时,就会让消费者心生失落,这就是只关注外显却没有抓住内核。只有外显和内核在视觉上进行统一,才能通过店铺最大化展示品牌价值。

在消费者眼里,红色的鞋底已经是克里斯提·鲁布托(Christian Louboutin)最显眼的标志了。无须过多的语言,只要一看到红色鞋底,就能立刻让人联想到这个品牌。所以,在克里斯提·鲁布托的专门店中,能够很直观地看到红色在其外观上的显现。

最令我印象深刻的就是它在 2018 年的一个红色橱窗。几乎所有女人路过这个橱窗,都会为之停留。橱窗里,两座红色的小洋房伫立其中,透过洋房的窗户,可以看到精致的高跟鞋在里面熠熠生辉。这些陈列在橱窗里红色洋房中的高跟鞋,无声地散发着令女性着迷的高贵和优雅。试问，哪个女人能不动心呢？

克里斯提·鲁布托最具象征性的红色，就这样被搬进了店铺橱窗，成为跟消费者的第一道联结。这样的做法不仅让产品的风格和调性尤为突出，更能够让品牌的整体形象印刻在消费者的心智里。让消费者记住品牌，爱上品牌，这就是通过店铺最大化展示品牌价值。

| 向消费者准确传递商品信息

大到店铺门面，小到货架标签，视觉营销都应该时刻向消费者准确传递商品信息。因为，视觉营销最基本的目的就是让消费者能够对商品产生兴趣。所以，我们在做视觉设计的时候，也一定要考虑到对商品信息的传达。

首先，橱窗是消费者接触店铺的起点，如何在橱窗里展示主要商品是重中之重。橱窗所传达出来的视觉效果必须是以商品风格为基调的。

无印良品的橱窗就是一个很经典的例子。它经常直接呈现一些生活日常用品，没有过多的修饰，颜色也很淡雅，几乎看不到很浓烈的色彩。每一个橱窗都强烈地透露出无印良品这个品牌所强调的"简化包装"的理念。而你一旦靠近它的橱窗，就会明白，它的产品最大的特点就是简洁实用，从来不会用过于花哨的包装来吸引消费者的注意力。实用和高品质才是无印良品吸取注意力的武器。这就是一种准确传递商品信息的视觉设计。

这么做的目的其实很简单，是为了精准地吸引那些对这家店、这个品牌感兴趣的人群。精准人群，往往会带来更高的购买率。一直以来，我接触的很多客户都对视觉营销存在理解误区，他们中的一些人单纯地认为，做视觉营销，好看就可以了。实际上，并不只是这样。视觉营销除了满足基本的视觉吸引力，更重要的是准确表达商品调性。我们必须明确一个事实：不是吸引来的消费者越多越好，我们没有办法做所有人的生意，我们只能做一群人的生意。

所以，用视觉营销向消费者传递准确的商品信息，是提高成交率的高效路径之一。

▎让消费者产生购买行动

视觉营销的最终目标，就是让消费者产生购买行为。因此，在做视觉设计时，我们必须明确一点：无法让消费者产生购买欲望的视觉设计，是无效设计。听起来很残酷，但这也提醒了我们，任何一场视觉设计都必须要站在消费者的立场上进行。

说到这里，我想剖析一下我们团队之前接到过的一个服装品牌的设计项目。它是一家名为"品奢"的女装品牌。从品奢这个名字，其实就可以看出它走的是高端轻奢女装的路线。所以，我们在设计上会更加侧重于展现轻奢感和精致感，让消费者一看就能明确这家店的产品调性。

由于这家店处于比较边角的位置，因此需要从门头的视觉设计上来解决消费者进店的问题。毕竟，拥有进店率，才能拥有成交率。于是，我们在门头用了特殊的圆弧形设计，在视觉上制造更多的惊奇感。（见图4-3）我们平时所见到的门头和橱窗基本上是矩形的，而当使用圆弧形橱窗时，会产生更强烈的视觉冲击力，更容易被注意到。形状上的差异化选择，本身就已经奠定了具有特殊感的视觉基础了。

● 图4-3（效果图）

在圆弧基础上融入金属边框，整体视觉看起来简单且高级，传达出"轻奢品牌"的调性。橱窗的外观和里面展示的产品相互融合，只要顾客经过这个橱窗，一眼就能够读懂它的风格。如果是这种风格的受众人群，一定会想进来探个究竟。

走进这家店的内部，里面的空间视觉设计也和外观风格一致。"内外合一"，这一点是非常重要的。不要产生视觉上的脱节，否则，很容易让那些被外观吸引来的顾客失望。

在空间的设计上，我们也花了不少心思，因为这家店的整体面积只有 30 平方米左右，如果把过多的元素展现在店铺空间中的话，看上去难免会觉得杂乱。所以在这次的设计中，我们侧重体现简约的轻奢感，增强顾客在店的体验感。整个空间的主色调我们用了灰度较高的奶黄色和墨绿色（见图 4-4），以呈现出

● 图 4-4（效果图）

高级感，体现出轻奢品牌的调性。因为空间并不充裕，为避免杂乱和凌乱，整体造型包括道具的选择上，都以简约为主，致力于打造一个有品质感的空间。

当然，视觉营销不仅是为了引起消费者的注意，在保证进店人群的精准性之外，我们在陈列设计上也更加注重引导消费者产生购买行为。进店后，顾客视线最先聚集到的地方是中岛台，这个区域是最能引起消费者注意的区域，所以我们会格外注重这个区域的产品搭配，来提升连带购买率。深入店铺后，能看到侧挂架附近的模特的全身穿搭展示。（见图 4-5、4-6）模特存在的首要作用在于激发消费者的注意力，引导顾客往店铺内部逛，其次是引起消费者对穿搭的兴趣，产生试穿欲望，从而更高效地促成成交。

● 图 4-5   ● 图 4-6

在这个完整的案例中，可以看出视觉营销不单单只是强调激发消费者的注意力，它更为注重的是如何去用视觉来引发消费者的消费行为。也就是说，当你做视觉营销的时候，单纯地追求好看可能会捕获一部分消费者的注意力，但是并不代表能够促进消费者的购买欲；而当你考虑怎样用视觉营销来满足消费者的购买欲时，它就是一个真正的促进销量增长的秘籍。

视觉营销的三大目标，对于我们在进行视觉设计时，能起到一定的规划作用，从而让视觉营销真正捕获消费者的注意力进而得到变现。那么，我们应该如何用视觉营销来赢得消费者的注意力呢？

如何用视觉营销赢得消费者的注意力？

"让消费者一眼看到你"，这已经是零售人都需要深究的课题了。每个行业都不乏优秀的竞争者，只有卓越者才能脱颖而出。想要从行业中脱颖而出，就不能放过每一个让顾客了解你的机会。店铺视觉，就是抓住顾客注意力的第一道线。

你是否思考过，为什么现在的年轻人愿意逛太平鸟？难道是因为太平鸟登上了纽约时装周或者是法国时装周的秀场吗？不是的，是因为太平鸟现在的视觉形象符合年轻人的审美，而且视觉体验感比以前好很多。假如太平鸟一直毫无变化，很难保证它不会成为下一个富贵鸟，潦草收场。

"没有变化，不受关注，便难以存活"就是零售业的现状。那么，我们该如何去激发消费者的瞬时注意力呢？关键是要触发消费者的视觉"嗨点"。

嗨点一：猎奇

其实现在很多店铺的视觉形象，是瞄准了消费者的猎奇心理设计的，如巧克力品牌 M&M's（玛氏朱古力豆）。M&M's 将巧克力豆形象化，为小小的巧克力豆添上眼睛和四肢，成为品牌"吉祥物"。搞怪且性格鲜明的巧克力豆形象，一瞬间就让顾客对它喜爱有加。

纽约时代广场从不缺大荧幕，而绚丽的大荧幕，就是当地商家用来抢占消费者注意力的强力武器。在 M&M's 的大楼上，大荧幕滚动播放着巧克力豆活泼搞怪的卡通形象，过往的行人忍不住停留下来观看，然后选择进店体验一下。M&M's 将大荧幕变为门面招牌，利用巧克力豆的卡通形象为顾客制造猎奇感。它们活泼的形象让顾客一眼就能注意到之外，也很容易激发顾客的喜爱。因为拟人化的巧克力豆会给人一种新奇感，再加上荧幕的动感诠释，仿佛这些会动的巧克力豆会在我们身边出现一样。

而在 M&M's 店里，这种陪伴感会更加明显，这些搞怪的巧克力豆真的就出现在顾客身边。它们还会扮成胜利女神，以滑稽的形象来吸引顾客。因为外形可爱滑稽，巧克力豆胜利女神一下子在网上走红。随后，这家巧克力店，也吸引了更多来自外地的游客。

让人忍不住想了解，忍不住想分享，这就是猎奇视觉所产生的效果。

在日本，也有很多凭借猎奇视觉走红的店铺，最具影响力的自然要数名扬四方的蟹道乐。当你路过京都的三条通寺町，蟹道乐一定会是让你眼前一亮的存在。它用一只巨大的蟹来做招牌，实在过于抢眼，且猎奇感满满。来往行人看后纷纷表示想进店去体验一番，因为这个店面形象太能撩起人们的好奇心了。

有趣的店面一般都不会被消费者放过。如果消费者看到有趣的店铺而不进店的话，会在心里感觉好像错过了什么一样。这就是猎奇效应。而且，蟹道乐的招牌已经固定化了。每一家蟹道乐的招牌上，都有这只巨大无比的蟹。不管你来自哪个地区，只要看到这个蟹招牌，就知道这是蟹道乐。

再深入一点来说，猎奇的视觉激发我们的不仅是瞬时注意力，更多的是一种记忆行为。因为，只要看一眼，就能记住这个品牌，就像看到蟹，就能想到蟹道乐。

"图一时刺激，得一世记忆"。这大概就是对于猎奇视觉最好的诠释了。

嗨点二：情怀

那些伴随我们成长的动人歌曲和经典电影、书籍随着时间的流逝，成为我们怀念已逝时光的一部分。我们每个人对过去的时光都很敏感，轻轻一碰，便产生了触动。这并不奇怪，无法回到的过去，在记忆中永远是美好的一部分，比如，欢乐的童年时光，或者是潇洒的学生时代。所以，情怀也是一个店铺博眼球的绝佳因子。

长沙浏城桥上,有一家不得不去的店。这家店里,经常可以看到一些穿成20世纪八九十年代样子的人在里面聚会,恍惚间,仿佛时光倒流。这家店叫银点。透过橱窗的玻璃,复古且色彩鲜明的霓虹灯闪闪发亮,一瞬间就挑起了人们的注意力;半掩的门帘,则让整个店铺多了几分神秘感。门帘之下,出现在视线里的是一些老旧的台式风扇、重型机车、复台展示柜以及展示柜上极具年代感的小物件……站在这家店的门前,仿若看到20世纪美国街头一家小小的私人博物馆。

店里分为两层,里面的装潢也充满了怀旧感。灰色做旧水泥墙面,水泥铸造的吧台,吧台对面充满了复古感的黑板式菜单,天花板上悬挂的铁丝吊灯……所有的一切,都让人有种穿越时空的错觉。

一楼分为三个区域:咖啡吧台、银饰和服装售卖区、喝红酒的小包厢。但区域之间没有特别明显的界限。老式照相机、复古红色桌椅,还有充满年代感的墙面涂鸦,不同的区域因这些复古元素非常自然地结合在一起。二楼则是佛堂,基本不开放,只接待过几位艺术家。

这家店的老板是一个美式文化爱好者,是最早一批玩重型机车和街头银饰的人,由于喜爱美式文化,所以从国外淘了很多旧物,将自己的店打造为美式复古综合体验店。在这里,你可以尽情地感受20世纪八九十年代的美式生活。而店主经营这家店的初衷很简单,"给喜欢美式文化的人们提供一个体验的环境,希望让不了解我们的人有一个接近我们的场所"。

这就是用情怀来吸引消费者注意。它以带有情怀感的视觉率先进入你的视线，引发你的好奇心，再让你慢慢静下心来怀念已逝的时光。

如今，我们生活的环境愈来愈多彩，这使得我们常常会怀念过去简单纯粹的时光。所以，有情怀的品牌在零售业里面，永远不缺生意。

曾经在网上看到这样一段话："小时候，很喜欢吃外婆做的菜，后来外婆生病不能做菜，所以就只能陪着外婆一起吃。再后来外婆离开了这个世界，我再也没有机会跟外婆一起吃饭了。所以，每当看到外婆家这家店，我都情不自禁地想停下来进去坐一坐。我知道它不是我外婆做的口味，但我就是想坐坐。"可见，简单的情怀牵动的是人心。

餐饮品牌外婆家，从一出现就博取了很多人的眼球。单单是外婆家这个名字，就勾起了不少人的回忆和情怀，更别说它带有古朴风味的店铺了。

杭州西湖沿岸，一个瓦顶平房刚出现的时候，就吸引了当地的居民。这个带有江南水乡建筑风格的房子，名为外婆家。灰瓦顶、白粉墙、木制窗，这样的瓦顶平房是外婆那一辈居住过的房子，伴随着旁边的西湖杨柳，清爽且治愈，朴素又真实。站在这家店面前，真的有种来到外婆家门口的感觉，淡淡的温暖环绕身旁。夜晚的外婆家，又是另一种不同的感觉。西湖边上，暮色降临，黑色逐渐替代了白天的青翠，而外婆家的白粉墙，被暖黄色的灯光覆盖着，似乎是在等着晚归的人归家。

在这样一种环境下吃家常菜，你的心中是否也感触良多呢？在这里就餐，已经不单单是在享受美食了，更是在回味那些已经逝去的光阴。外婆家正是在用情怀牵动顾客的注意力。不得不说，人类的情感，永远都是最柔软、最容易触动的。

▍嗨点三：打造场景，满足幻想

爱幻想，是小孩和女人的天性。如果你经营的客户群体是面向小孩或者是女人的，那么这一部分，你需要仔细研究一下了。

在我从业23年以来，总有人问我："童装店的陈列到底是要吸引孩子还是吸引大人呢？"

我可以斩钉截铁地说，当然是孩子。

其实最容易出现购买冲动的人群是孩子。儿童的消费是非理性的，并且越小的孩子占有欲越强。平时，你一定没见过小孩子想要一件玩具而和父母赌气撒娇的情景吧？这就是源于小孩子的占有欲。而大人的情绪很容易被小孩子牵动，所以，当小孩想要获得一些东西时，很多大人是无法拒绝的。

法国有个童装品牌博普缇（Bonpoint），十分会讨小孩子喜欢。在它的橱窗里，时常可以看到穿着衣服的动物，在雪中行走的小孩，在夜空里骑单车的小孩……这些在孩子们的认知里都是可爱又快乐的事情。让小孩子感到快乐的画面，更加容易引发他们的联想。

比如，博普缇的橱窗曾经出现过这样的场景：小孩戴着头盔，身佩宝剑，骑着单车行驶在夜空中，自行车的车篮里还有一只小宠物。而夜空中有一轮大大的圆月，周围是闪闪发亮的星星。这样的场景深受小孩子的喜爱，因为他们几乎都幻想过类似的场景。

当这样一个画面出现在店铺的橱窗里，也就是顾客第一眼看到的地方时，小孩们普遍会心动。因为好奇是小孩的特质。小孩子会对未知领域充满好奇，特别是对天空、星星、太空这类话题。当这个场景在他们眼前出现时，他们已经开始幻想自己骑单车飞上天空的情景了。这个时候，橱窗里的场景便博取了小孩子的注意力。

当然，喜欢幻想的不只是小孩子，还有女人。欧洲女性的浪漫，从一滴香水开始。伦敦街头的祖·玛珑专卖店，就将这份浪漫具象地诠释出来了。祖·玛珑的橱窗里，经常可以看到花的身影，一方面是为了突出当季主推香水的味道，另一方面则是想要用鲜花来营造浪漫的氛围，吸引女性的注意。

也许很多女生都幻想过，和自己喜欢的人手牵手走在开满花的树下，那情境，浪漫极了。而其中，樱花树最得少女情怀。为了满足少女们的幻想，祖·玛珑真的在橱窗里种上了樱花树，而且樱花树的树枝能够穿过橱窗玻璃延伸到店铺外面。当顾客路过这个橱窗时，可以站在樱花树下感受花瓣轻盈飘落在肩畔。一棵樱花树，不仅让整体氛围更显浪漫，同样也让女性消费者因为它而好奇当季新品的味道，想要进店去尝试一番。

说到场景化，宜家也是一个典型案例。很多年轻人喜欢逛宜家,目的可能不是买东西,而是喜欢那里的样板间。当你逛完一间间温馨的样板间后,购物篮里已经不知不觉地多了许多东西。

所以,一个优秀的场景最容易让消费者情不自禁地陷进去。或许很多人会觉得,打造场景的难度比较大,而且花费的资金可能会超出预算。其实场景并不一定需要做得特别高档复杂,我们可以在自己的能力范围之内,先尝试简单一点的场景。比如,我之前看到一家面积不是很大的店铺,它在橱窗里放上一棵柠檬树,柠檬树下是模特坐在椅子上。就是这样一个简简单单的场景,依旧很吸引人,因为整体画面很有夏天的氛围。

总之,如果你觉得打造场景十分困难的话,那就先做简单的场景,之后再慢慢将场景迭代得更精致。一步一步慢慢来,是最快的。

在所做的设计案例中,我们也十分强调场景感的打造,因为场景能最快速调动消费者的感性心理。在这里,和大家分享一个有关"后花园"的场景设计。

每个女性心中都有一片向往的后花园,渴望自己心中能绽放出一片花海。而我们的设计案例"花墅里",就是以"每一个女士的后花园"为基调,通过以花为主题的空间视觉设计,展现出女性向往的美好生活方式。我们的设计团队直接将"优雅的女士坐在花园的摇椅中,慢悠悠地享受下午茶"的场景展现在花墅里的橱窗里,打造精致、悠闲而惬意的生活方式,同时也展现出女性高雅而有情调的一面,令喜欢小资情调的女性对这家店铺产生向往。(见图4-7)

● 图 4-7（效果图）

　　走进店里，这种"后花园"景观也在角落里延续着，它依旧为进店的女性保留心中的那片遐想。为了体现后花园的梦幻感，我们将空间的整体色彩基调定为带有灰调的莫兰迪粉色以及米白色。体现梦幻感的同时，又让整体视觉多了一些高级感。而且在空间的装饰上，我们用了大量的干花来装点"后花园"，在难以令顾客注意到的边角处，也运用了干花的组合搭配，来引起顾客的注意，激发顾客继续逛下去的欲望。（见图 4-8、4-9、4-10）

图 4-8（效果图）

图 4-9（效果图）

● 图 4-10（效果图）

休息区则是用一株马醉木来打造"树下乘凉"的氛围感。（见图 4-11）顾客坐在沙发上，视线所到之处都充满了花的滋养。而头顶上的马醉木，也会让顾客产生坐在树下乘凉的浪漫情怀。

可见，人的想象力是多么重要啊！不仅可以让人充满灵感，还能带来愉悦，更能帮助各位零售人吸引消费者的注意，继而引导消费者了解品牌。总而言之，如果你能给予顾客一场丰富而美好的想象，接下来的一切都不会太难。

- 图 4-11（效果图）

05
CHAPTER

第五章
持久的注意力——品牌

第五章

博大的诺方——品科

如果一家店或者一件产品的外观能够让你眼前一亮，继而提起兴趣，那说明它抓住了你的注意力。但是，这种注意力是短暂的，很难长时间持续。如果你想要打造更持久的注意力，成为品牌，是你最好的选择。

　　喝咖啡会想去星巴克，买玩具会想去乐高，买家具会想去宜家……想到某个品类就想起与之相对应的品牌，这就是一个品牌身上积聚的持久注意力。

品牌为什么能够聚集消费者的持久注意力？

　　因为品牌能够辅助顾客形成记忆点。

　　假定一个场景：一位女性朋友穿了一件很好看的衣服参加

聚会，周围的女性出于好奇，前来询问衣服的店铺。如果这时候这位着装好看的女性说是在街上一家小店买的，周围的人还是不清楚衣服的来处。但如果这时她说的是某某品牌，周围的女性就会对这个品牌有了初始记忆，甚至，当她们路过品牌店铺的时候，会下意识进去看一看。当她觉得产品合适的时候，又会对外推荐，形成了一轮新的品牌传播效应，而这种传播是持久的，生生不息的。

所有的品牌都能让顾客形成品牌记忆吗？不一定。我们身边的品牌并不少，但大多数时候，我们都想不起它们。举个例子，市面上的感冒药品牌超过 1000 种，但能留在我们记忆中的感冒药几乎只剩下 999 感冒灵、感康、新康泰克等。这说明了，真正能留在顾客心中的品牌少之又少。如果品牌不能占据顾客的记忆，留下记忆点，那很可能会消失在浩浩荡荡的市场之中。

一个品牌只有拥有顾客的记忆，才能发挥一个品牌的价值。

顾客的记忆点从哪里来？

试问一下，一个品牌，令你最先注意到的是什么呢？有人说是标志，有人说是颜色，有人说是经典产品……其实都对。标志、颜色、元素、空间、文案、产品等都可以成为一个品牌的标志性视觉，在顾客看到它们的时候，它们能够植入顾客的记忆之中。也就是说，品牌需要一个代表自我的标志性视觉信息。问题来了,具体有哪些视觉信息可以成为品牌的标志,从而让品牌深入顾客记忆呢?

品牌的基础视觉——标志

远古时代,人类过着群居的生活,以狩猎来维持生命。那时候的人类活动十分简单,人们无须用名字来相互识别。后来,人类文明的发展促使人与人之间来往更密切,再加上人口的增多,出现了多个部落。为了将各个部落区分开,于是,每个部落都出现了一个属于本部落的标志,也就是我们现在所说的"姓"。

其实,品牌也是一样。如今市场上品牌越来越多,我们必须拥有一个标志来让消费者辨认,这就是标志存在的必要。标志是一个品牌的基础视觉,每个品牌都需要一个可以代表自我的标志,让消费者容易辨认。但它又不仅仅是一个标志,它也可以成为品牌的视觉锤,将消费者的注意力集中在它上面,一锤打入心智。什么样的标志更容易打入顾客心智呢?

1. 越简单越容易打入心智

闭上眼睛,你能回忆起佳能相机的标志是什么样子的吗?没错,是简单的红色英文文本"Canon"。不过,一开始,佳能的标志并不是这样的。最初的佳能标志是类似千手观音的图案和置于下方的"Canon"文本,后来,经过4个版本的迭代,最终演变为我们现在看到的样子。

其实，这样的例子并不少，很多品牌的标志都在变化，而且越变越简洁。我们熟知的星巴克，它如今的标志也是经过漫长的改良演变而来。1971年，星巴克最初版的标志问世。标志上的美人鱼非常细腻写实。头发、五官、身体、鱼尾都刻画得十分精细，大概因为过于赤裸，所以最初的这版标志被认为带有点色情意味。

1987年，星巴克更新了第二版标志，这版标志摒弃了以往的写实风格，改为扁平化。相较于之前，这一版的美人鱼更为含蓄，不再是赤身裸体，而是用头发挡住了胸部，保留了肚脐和双尾，并将双尾的鱼鳞替换成波浪线，整体看上去更加简洁。美人鱼的外圈则是写上了"STARBUCK COFFEE"，来向消费者宣告，它就是星巴克的美人鱼。到了1992年，星巴克的标志又有了新的变化。在这版标志里，设计师放大了美人鱼的面部，遮住了肚脐和双尾的下半部分。外圈绿环上的文字仍然是"STARBUCK COFFEE"。比起上一版，这一版更为简洁。

2011年，星巴克又更新了一版标志，也就是我们现在所看到的。这一版标志摒弃了文字信息，以纯图像来表示，同时，标志底色也更换为单一的绿色。新版标志是星巴克有史以来最简单的，视觉冲击力也是最强的。标志的视觉冲击力越强，越能够集中消费者的注意力，越容易打入消费者的心智。

2. 纯色更有力量

相信大家都知道苹果手机的标志是什么样的吧。

但是，你知道吗？一开始，苹果手机的标志并不是一个缺了口的苹果。时间回到 1976 年，那一年，乔布斯的苹果公司有了第一个标志，这个标志讲述了牛顿坐在苹果树下发现万有引力的故事。但由于标志太过复杂，乔布斯不太喜欢。于是，同年，苹果迎来了一个新的标志，就是一个被咬了一口的苹果，而且还是彩虹色的。

之后的苹果标志都是在这个图像基础上迭代的。1998 年，苹果公司将原本的标志改为纯黑色，看上去更高级，且更容易记住。后来又换成了白色，并且将终端产品和店铺都换成了白色。现在，你知道为什么苹果的耳机线始终是白色的了吧！因为，当你拿着白色的耳机线时，别人的第一反应就是"你使用的是苹果产品"。

早年的微软也是彩色的，没错，就是那个拥有黑色粗框的彩色四格小窗户。后来，微软标志逐渐简化，褪去了黑色边框，不过依然沿用彩色标志。而最终，微软将标志颜色改为富有科技感的蓝色，来体现自己的专业感。纯色标志，本身就具有一种高级且专业的气息，也更能直接打入消费者的记忆。

3. 具象化更容易侵入记忆

大部分标志的失败在于太过抽象，顾客看不懂，所以无法进入记忆。人们完成"关注事件"这个动作，是一个短时记忆，过程不会超过 2 秒钟。也就是说，2 秒钟足以评判一个事件是否具有吸引力。同样地，2 秒钟内看不懂的标志不适合传播，因为人们不会对自己无法理解的图像产生兴趣。为什么苹果手机的标志能够轻易被记住？因为它的标志简单易描述，即使是小孩子也能画出来。越具象越容易被记住。

同样具象的还有肯德基的老爷爷标志，一说到肯德基，慈祥的老爷爷头像就浮现在眼前，白发、黑框眼镜、祥和的笑容、红围裙，让人过目不忘。这就是具象化标志的杀伤力，在你毫无防备的时候，侵入你的记忆，让你瞬间记住了它。

4. 动物更容易引起注意

你知道为什么那么多品牌的标志都是动物吗？天猫是小黑猫，苏宁是小狮子，京东是小白狗，腾讯QQ是小企鹅……难道是因为"萌"字当道吗？

实际上，用动物作为品牌标志是品牌们的小心机。动物对人类来说，天生就具有一种亲和力，很容易吸引人们的注意，而且识别性很强。同时，每种动物都有各自的特性，能够反映品牌的理念和价值观。

例如天猫的标志是一只黑猫，非常容易记住。在中国传统文化中，黑猫寓意着吉祥，能够辟邪，为主人带来好运，对于天猫这个品牌来说，是好的象征。而且猫带有"挑剔"的特质，象征着天猫对品质的追求。天猫商城的总裁张勇提到过，猫天生挑剔，挑剔品质、品牌、环境，刚好符合天猫追求时尚、品质的理念。

有趣的是，京东的大白狗标志，不仅拥有着忠诚、品行正直和奔跑疾速的寓意，还有着"狗能压猫"之说。当然，每个动物在不同的企业都蕴含着不同的意义，对于宣传企业的核心理念有一定的帮助。不过，能够在第一时间侵占消费者的记忆，是作为一个标志需要具备的初步战绩。

消费者和品牌的情感纽带——IP 形象

IP，即 Intellectual Property，知识产权。在营销领域内通常指一个广为人知的品牌形象，它能够辅助品牌快速地占据消费者的心智。而 IP 形象是指企业或品牌在市场和社会公众心中所表现出的个性特征，它代表着公众特别是消费者对品牌的评价与认知。

说到 IP 形象，同道大叔就是靠 IP 形象声名大噪的。他的 IP 形象是代表十二星座的卡通人物，不管是文章里，还是同道大叔的实体店中，都能看到这些 IP 形象，它们就像品牌代表一样，长期驻守着品牌。

再举一个例子，三只松鼠的线上店做得很出色，销量独占鳌头，而当一个线上店品牌开起了实体店，它会有优势吗？在大多数人心中，一个线上能够买到的东西，如果质量有保证，基本没有必要专门去实体店买。因此，在实体店这方面，三只松鼠非常聪明地利用了它的 IP——三只卡通松鼠形象，把它们放大，放置在店里，还在店里布置了各种和森林相关的场景。开业当天，不少人因为想跟门口的大松鼠合照，而进店消费。当一个线上零食店发展成为线下实体店，IP 形象就是它快速吸引人们注意力的存在。

IP 形象其实不仅仅是品牌的代言人，它比起标志更容易与顾客产生情感联结。因为，IP 在人们眼中是一个鲜活的形象，它是有性格的、有灵魂的，所以更容易拉近品牌和顾客之间的距离。

爆款 IP 形象都有什么特点？

1. 滑稽有趣

过去几年，火爆的 IP 形象数不胜数，如果你细细留意，就会发现它们的共同点之一就是滑稽。一直处在"网红之巅"的熊本熊，就是凭借各种滑稽的动作还有傻傻的表情，火遍各个领域。一时间，微信表情包都是它，商场的礼品，服装，甚至食品都有它的身影。

同样的还有网红 IP 懒蛋蛋。懒蛋蛋也凭借富有喜感的外表，以及"贱萌"的行为，颇受用户喜爱，衍生出来的周边产品无一不是高人气。国内走红的同道大叔十二星座 IP，也是走诙谐路线，它们表情搞笑，肢体动作夸张，性格各异，让不少人一看到同道大叔的漫画，就对它们产生深刻的印象。

滑稽有趣的形象非常容易博得观众的好感。曾经风靡了一整个世纪的小丑马戏团，就是凭借着那股诙谐滑稽，让台下的观众欲罢不能。IP 形象也是如此，只要能让消费者感觉到轻松有趣，便能提升这个 IP 形象在消费者心中的好感度。一旦消费者产生了好感，也就记住了这个 IP 背后的品牌。

2. 外形简单

对于品牌来说，视觉感繁杂的 IP 形象并不容易抓住人们的视觉，反而简单的画面更好记忆。很多爆红的 IP，它们的外形都很简单，比如火爆网络的小猪佩奇、迪士尼米老鼠、B. Duck 的小黄鸭……简单的外形再加上有特点的表情，一下子就进入了消费者的视线中，凭借可爱又有趣的模样，深受消费者喜爱。

更重要的是，外形越简单，做起IP衍生品就越容易。只要把基本的颜色和表情运用到位，这件产品就有IP属性了。

所以，不要因为追求精致而把品牌IP形象复杂化，简单、有视觉冲击力、讨喜，才是高人气IP所具备的属性。

3. 特点鲜明

旺旺这个品牌，几乎占据了所有90后的童年，尤其是那个可爱的旺旺小男孩。中分小短发，圆圆的脸庞，眼睛往右斜上方看，咧开笑的嘴巴，旺旺小男孩，令人印象深刻。为什么这样一个画风简单的小男孩，会让一代人牢牢地记住呢？

因为它的特点很鲜明，中分又有点"炸毛"的小短发，几乎很少跟其他动画人物撞上，而往右斜上方看的眼睛，显得俏皮可爱。在广告里，它的眼睛还会打圈转，画面十分滑稽，许多小朋友一看到广告就记住了旺旺的IP形象。

不仅是旺旺，很多当红的IP形象都有其自身的特点。韩国的可可朋友（KAKAO FRIENDS），因为动物们的表情有点又"憎"又"贱"，而成为韩国网红IP；一直活跃在各个领域的小黄人，也是凭借大眼的形象和滑稽的笑声，让观众记住。IP是品牌的一部分，是品牌的加分项。当品牌没有了辨识度时，IP会埋没在市场之中；而当一个品牌IP没有了辨识度时，它就没有存在的必要。

4. 故事创意性强

有些IP走红是因为本身的故事创意很抓人。品牌可可朋友旗下每一个卡通形象都有着独特的故事背景。瑞恩狮（Ryan）是一只雄狮，也是偶尔有点少女心的大个子，常因为自己没有鬃毛而自卑。它原本是非洲东东岛的王位继承者，但自己向往自由的人生，于是逃离岛屿，成为可可朋友的销售担当。它映射的是敢于挑战自己，一心寻找自己人生价值的那群人。暴走鸭（Tube）是一只胆小又玻璃心的鸭子，极度恐惧的时候会变成绿色，变身疯狂鸭。怪蜀鼠（Jay-G）有着热爱嘻哈的自由灵魂，外表冷静睿智，但内心是一个害怕孤单、非常感性的家伙……

可可朋友的这些故事以及这些形象的性格，其实在生活中并不少见，很容易引起共鸣，拉近和顾客之间的距离。

那么，我们应该如何建立品牌IP?

IP是品牌形象的一部分，也是形象的代言人。它可以为品牌注入个性和情感，拉近品牌和顾客之间的距离。建立一个令人印象深刻的品牌IP，有以下三大法则：

法则一：创始人形象。劳拉·里斯就曾在《视觉锤》里面说过，创始人是天生的锤子。人人都对开公司的人充满好奇，人人都认为公司的产品和服务反映了创始人的价值观。如果你想要公司出名，那就让你的首席执行官也出名。

一方面，创始人的传奇故事会吸引人们的注意力；另一方面，创始人的形象和思想跟企业的价值观挂钩。所以，以创始人来做品牌的IP再合适不过了。

乔布斯就是一个经典案例，大家一提起乔布斯就能直接跟苹果公司画等号。肯德基的上校爷爷也是一个经典例子，将形象和肯德基挂钩，让顾客看到上校爷爷的形象就想到肯德基。此外，还有福特汽车的创始人福特·亨利，老干妈的创始人陶华碧，锤子科技的创始人罗永浩等。

如果想让公司出名，不妨试试以创始人来获取大众的注意力吧！

法则二：产品拟人化。有时候，产品也可以是有灵魂的，将产品的形象进行拟人化，完全可以成为一个代表品牌的IP。

益智玩具乐高，就是运用了这个方法，将玩具拟人化变为品牌IP，不仅可爱有趣，还能和孩子拉近距离。

法则三：自创IP（结合品牌价值观）。有些品牌是通过自创IP来扩大品牌影响力的。白酒品牌江小白就是一个自创IP，它以一个年轻男孩的卡通形象活跃在年轻人之中。为什么是一个年轻男孩的卡通形象呢？因为江小白做的就是年轻人的白酒，它提倡年轻人直面情绪，不回避，不惧怕，做自己。久而久之，年轻人的餐桌上，也开始出现了白酒的身影。这就是用一个品牌IP来体现品牌价值观的成功案例。

识别品牌的重点——空间

空间也是顾客识别品牌的一个重要部分。想想看，我们平时逛街的时候，看到的不仅仅是门面和招牌，还有店铺内部的空间展示。所以，空间也是一个可以加深顾客对品牌记忆点的部分，千万不要忽视！

每次去到繁·醉花亭，总是能被它的中式古韵深深折服。繁·醉花亭，这名字一听起来就颇有古典神韵，店里的视觉更是不负所望，像极了古代的小酒馆。中式楼房外，挂着"繁·醉花亭小酒馆"的牌匾，古色古香。一踏进去，就仿佛穿越到了古代，在开满繁花的小酒馆里，等待着远道而来的友人。清一色的木质横梁，还有方方正正的木制纸窗，一瞬间，历史感扑面而来。店内摆放着精致的屏风，周围还错落放置了一些桃花，为小酒馆带来些许柔和，正好应了"繁花似锦，酒香醉人"。此情此景，更觉得酒香美妙。

为什么繁·醉花亭会这么令人沉醉呢？它极具特色的空间设计一定是其中不可忽视的重要因素。如果店内是冷冰冰的水泥墙，我想它的意境就要大打折扣了，繁·醉花亭本身也将变得没有辨识度。

所以，空间给人的观感非常重要，它是顾客识别品牌的一部分。这就是空间拥有辨识度的必要性。做好空间，我们要从空间风格上着手考虑。一般来说，多数品牌是围绕商品属性去做空间分类的，就像繁·醉花亭，它主打的是中式果酒，所以它整个空间的装潢是偏向中式古风的，给人一种古朴典雅的历史感。

当我们每次看到无印良品时，能很快地识别它。简单、纯净，就是无印良品的风格，而一旦它的空间背离了这个风格之后，就会造成顾客的认知错位。无印良品的空间，除了考虑产品的风格和调性，还融入了品牌理念——"大繁至简、返璞归真"。

所以，在它的空间设计中，我们看到的是偏向禅意美学的设计风格。

总结一下，当我们在设计零售空间时，应该考虑什么呢？

- 解决商品售卖的问题
- 有颜值（差异化）
- 精准传达品牌的调性
- 内部顾客使用的便利性

改变需要有一定的魄力，但有时候，我们必须改变。不过，无论我们如何去改变我们的空间，调整我们的产品，我们始终都需要明确：一切改变都是为了促进销售，无法促进销售的改变，毫无意义。

空间是提升品牌辨识度的重要工具。在多年店铺设计的过程中，我们始终将"提升销量，强调品牌辨识度"作为首要考虑因素。在这里，分享一个我们团队的设计案例：慢厨。（见图5-1）

- 图 5-1

慢厨，是一家全新的烘焙品牌，借由欧美的 DIY 文化，将亲自动手的精神融入顾客的生活当中，鼓励我们去动手体验料理，挑战自我，享受其中的快乐。

在了解慢厨的诉求后，设计师团队历时 5 个多月，围绕慢厨的核心竞争力来设计空间并落地实施。由于慢厨是一家集合了下午茶、烘焙店和 DIY 烘焙工坊的复合型店铺，所以在店铺布局上，我们的设计师按照功能划分了不同的区域。（见图 5-2）

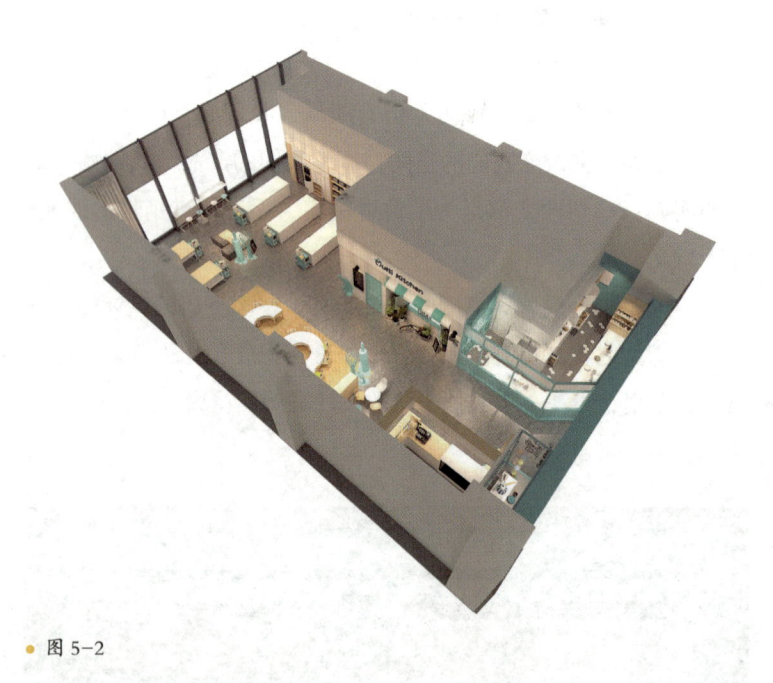

● 图 5-2

从入口进来左手边是收银台，右边是烘焙操作区，再往前走就分为教学区、儿童区、休息区，各个区域分工明确，清晰明了。在做这个空间的时候，我们希望它成为一个占领消费者心智的品牌，因此选择了主题色作为空间的主色调，在视觉上强调主题。

为了展现烘焙带来的轻松感，我们选择了轻盈明亮的蓝绿色作为标志主色调，将标志主色调体现在门头和空间中，并衍生到 VI（视觉识别系统）和 IP 形象的设计中。（见图 5-3）设计师用餐具作为 IP 形象展示，以卡通可爱的形象来表达品牌理念，并将空间的蓝绿色融入 IP 设计中来突出品牌统一性。（见图 5-4）这样的形象体现了慢厨致力于给顾客提供新鲜、健康的创意西点，感受烘焙生活新体验的理念。可爱形象搭配可爱文案，特别能俘获消费者的芳心，可以说是老少通吃。试想一下，把这么可爱的品牌形象搭配文案摆放在店铺门口，是不是非常吸引人眼球，还会让人想来拍照合影？这其实就是将这里形成了一个景点。

● 图 5-3

为了能让慢厨在视觉上和顾客有更多的交流，我们分别设置了一静一动的两个橱窗。静态橱窗展示慢厨产品，让顾客了解慢厨是什么。店铺橱窗就像一本书的封面，一个好的封面才能激发读者的注意，吸引读者翻阅，店铺亦然。所以在慢厨的橱窗

● 图 5-4

里，我们的陈列师用了超大的甜甜圈道具来抢夺视线，强调了慢厨的烘焙主题。再配合上自行车、绿植、照片相框等视觉轻松的道具来设置打卡点，营造愉悦的场景，配合店铺的主题色，让人一眼便沦陷。（见图 5-5）在打卡点的背后，就是动态橱窗，采用全透明的烘焙室，顾客可以在这里看到烘焙师的一举一动，通过这个橱窗来了解慢厨的故事。（见图 5-6）

● 图 5-5　　　　　● 图 5-6

总体来说，慢厨的空间设计整体是围绕颜值差异化这个重心，来向外精准传达品牌的调性，最终引导消费者消费。在这个空间设计落地完成之后，慢厨迎来了当地不少女性消费者，甚至数次得到了本地大V公众号的报道和宣传。

"美"具有吸引人心的作用和力量，我们希望当顾客走进这个空间的时候，能经由场景感受到我们对于"美"和"家"的理解，享受产品以外的感官体验。

强化消费者的品牌记忆——VI

VI即视觉识别系统，指用统一的画面格式，让人们产生视觉记忆。它的基本要素包含了企业名称、品牌标志、标准字、文案排版、标准本色、品牌标志造型等。这些要素，会运用在品牌的方方面面，在无意之间对品牌进行曝光和宣传。

如果足够细心的话，你会发现麦当劳的小号纸袋是没有提手的，你需要托着纸袋底部离开麦当劳。当你挤地铁，或者是进电梯的时候，最容易被注意到的就是手里纸袋上那个黄色的大大的字母M，这相当于无形中为麦当劳做了一次品牌曝光。

坦白说，如果一个品牌没有VI系统，就相当于品牌没有建立自己的视觉形象。一个好的VI设计，不仅能够让顾客快速记住品牌，也能让顾客对品牌产生好感，还能表达品牌的差异化气质。

在约克，有一家叫约维克房屋酒店（Jorvik House）的精品酒店。酒店的标志是一只鸽子，另一个标志则是由鸽子标志衍生出来的橄榄枝。在这家酒店里，几乎所有东西都印上了鸽子和橄榄枝，包括文件夹、菜单、小票、名片等。只要顾客接触到的地方，都会有约维克房屋酒店独有的标志。这种高强度的曝光，无疑是在给顾客进行无形的"洗脑"，让顾客更快速地记住这个品牌。

必要性1：燃起顾客的兴趣

对于店铺整体形象来说，VI起到了奠定整体基调的作用。它的运用关键在于门头、侧招牌、形象墙、道具、海报、卖点广告（POP）。

门头是吸引顾客的第一关键点，也是向顾客"挑明身份"的第一环节。简单来说，它就是店铺的一张名片。只有把自身特点展现出来了，顾客才有兴趣认识你。而VI就是辅助门头展现自身特色的存在，把所定位的受众人群吸引到店里来。

咆哮野兽（ROARINGWILD），新兴原创国潮品牌之一，凭借独特的设计理念在众多原创潮牌中崭露头角。咆哮野兽面向的是个性独特的年轻人，产品主打街头风格，带有点港风的味道，所以，它的店铺整体形象也是比较有个性的，具有强烈的抽象感和未来感。

深业上城的露天区域中，一座带孔的封闭式店铺散发着幽幽光亮，带着一丝丝神秘。这座被冲孔铝板幕墙包围着的店，就是咆哮野兽。靠近冲孔铝板外墙，大大的"ROARINGWILD"字母伴随着周围浅蓝色的光，呈现在顾客眼前。整体视觉简洁而充满新意，好像在告诉来访的人们——它的产品也一样，简单却饱含个性。店铺内部也延续了外观的设计，同样以简单的灰色调为主，白色的灯光与金属质感的墙面相呼应制造出冷冽感，而一条刻着咆哮野兽标志的红线贯穿整个空间，为整体空间增添了一丝动感，打破了四周墙面的冷冽。

在另一家咆哮野兽实体店里，也采用了类似的设计，一条红线同样贯穿整个空间。店内显示屏也轮番植入品牌标志和产品设计理念，让人看到红线就想到咆哮野兽，看到咆哮野兽就知道它简单却个性十足的产品风格。

这就是品牌 VI 创造出来的效果。

必要性 2：塑造品牌认知

VI 系统对于线上店来说相当重要，因为线上店不同于实体店，很难直接触达顾客，所以"用人情维系生意"对于线上店来说，难度比较大。而且，大部分消费者在网上购物是先看到单品，再看到品牌，一旦消费者没有注意到品牌，基本很难进行二次消费。这就是线上店需要 VI 系统的原因。VI 系统的存在，就是为了让消费者在注意到单品的同时，留意到品牌，并且记住品牌，提升二次消费的概率。

对于线上店来说，图片是最需要植入 VI 系统的。电商起家的韩都衣舍，会在商品封面图加上"韩都衣舍"的标志，以此来加强品牌曝光率，增强品牌印象。用这种方式来让消费者对品牌产生印象的还有三只松鼠、百草味、歌瑞尔等。因为商品图片是消费者接触线上品牌的第一窗口，如果商品图片不能让消费者一眼明确是哪个品牌的话，接下来就很难引导顾客去注意品牌、了解品牌。

除了线上购物平台，不少商家也用微信进行品牌宣传。在微信中，也需要保持品牌本身的风格，让消费者能够快速地了解到品牌的特色。所以，头像、微信名、朋友圈背景、朋友圈所发的图片都要跟品牌有关联，它可以是品牌标志，也可以是品牌的IP形象，目的就是让顾客能够明确产品对应的品牌，从而深入了解品牌。

同样，直播卖货也需要让顾客能够熟悉我们的品牌。所以，直播间的布置也需要VI的加持，比如直播背景。直播背景是指除了主播，能够曝光在消费者眼前的所有内容。将直播背景植入品牌相关的视觉形象，可以加速顾客对品牌的认知和了解。此外，直播或宣传片结束时植入品牌标志，也有助于加深顾客的记忆。

总结一下，VI在线上店铺的应用包括这4个部分：

- 线上商城图片
- 微信头像和朋友圈背景、图片
- 直播背景
- 直播或宣传片结束的标志

关键点 1：善用颜色为品牌创造记忆点

你知道世界上最贵的颜色是什么吗？

是蒂芙尼蓝——潘通 1837（潘通是当今交流色彩信息的国际统一标准语言）。

蒂芙尼蓝是一种比知更鸟蛋的颜色浅一点的蓝，清爽素雅，不失高级。在西方国家，知更鸟代表的是专一的爱情。知更鸟一生只有一个"另一半"，它们遵循一夫一妻制，巢穴也是携手共同筑造的。因此，知更鸟蛋意味着"正在孕育着的幸福"。

知更鸟蛋的颜色被蒂芙尼用来做品牌颜色，意义匪浅。而且，蒂芙尼还向潘通买了这个颜色的专利，并命名为潘通 1837。（见图 5-7）因为，1837 年，蒂芙尼诞生于美国纽约。可见，1837 这串数字对于蒂芙尼来说是一个非常重要且意义非凡的数字。

为什么蒂芙尼要向潘通申请专利？

- 图 5-7

对于品牌来说，颜色可能是一张名片。颜色是最容易给消费者留下记忆点的元素之一，就如同看到知更鸟蓝会想起蒂芙尼，看到红色会想到可口可乐，看到蓝色会想起英特尔，看到橙色会想到爱马仕……一个颜色为品牌带来的价值，往往强大到让人意想不到。

有时候，单单只是一个颜色，就能入侵消费者的脑海，因为它足够直观。或许，你不一定记得可口可乐的英文怎么写，但你一定记得它的红色；你不一定记得爱马仕的图标，但你一定记得它的橙色……在视觉上，没有什么东西，比一个颜色更简单易懂，且更容易覆盖人们的记忆。

关键点2：选择易读性高的字体

很多商家因为想体现品牌个性，所以选择抽象一点的字体来表达，但这个做法其实没有很大的优势，反而会带来反效果，特别是当顾客不能"秒懂"这些字时，很快就会丧失了解品牌的欲望。

因此，在设计品牌VI时，最需要注意的就是避免选择晦涩的字体。因为看不懂的字体，不利于传播。顾客都看不懂你的店名叫什么，如何帮你宣传呢？

关键点3：VI系统要涵盖品牌应用的场景

每当路过星巴克时，最显眼的地方就是大门侧边的大标志还有门头的品牌名。而打开手机软件点星巴克时，星巴克的一系列宣传画里也会露出绿色的美人鱼标志，还有星巴克的IP小棕熊……这些都是在占据消费者记忆。

在每年的苹果发布会上，必不可少的就是苹果标志和固定的黑白背景色。宣传片介绍新品的同时，也不忘强调苹果标志。

其实，不管是门头，宣传画还是品牌影像，这些都是VI系统所要涵盖的品牌应用场景。总结一下，VI系统要涵盖的品牌应用场景有：

场景一：门头标志、店铺空间
场景二：品牌宣传画、插画
场景三：发布会
场景四：品牌影像

VI系统对于品牌来说非常重要，它能让品牌快速地打进消费者的心智中，但千万不要盲目地去设计VI，花里胡哨是设计VI的大忌，同时也不能一味地追求抢眼而忽视品牌的特色。

那么，如何拥有一套令人印象深刻的VI系统呢？

每一个品牌都需要一套VI系统，因为拥有一套VI系统，更能体现品牌的差异化气质，快速将品牌打入消费者心智。而打造一套令人印象深刻的VI系统，需要参考以下四个法则：

法则一：简单。越简单越容易被记住，这是一套百用不倦的定律。像店铺的招牌名字，越简短越容易被记住；店铺标志也是一样，越简洁越容易打入顾客心智；代表品牌的颜色也是单一化会更好，如果想要用多种颜色来增加视觉的丰富性，也绝不要超过三个颜色。

法则二：差异化。VI 系统需要考虑差异化，也就是需要有和别的品牌看起来不一样的地方，最好要让顾客看到所有的东西都有品牌的影子。比如店铺门头、店铺内部装修、产品画册、菜单、店里用的物品等，可以统一用特定的颜色，也可以融入品牌相关元素（花纹、插画、图标等）。

法则三：明亮。在设计 VI 系统时，需要考虑整体色调的明亮度，因为明亮的空间或色调，更能够激发视觉感知，不过，颜色还是要根据品牌定位综合考虑。

法则四：颜色。颜色也是 VI 设计需要考虑的重点。VI 设计绝对不能偏离品牌的代表颜色，不管是空间、标志、包装、产品手册等，都需要做到颜色统一。目的就是让顾客不断地加深对这个品牌的代表色的印象，见到这种颜色，就犹如见到品牌一样。

品牌传播的有效路径——广告

说到广告，你的脑海里有没有浮现出一些无法抹去的广告词呢？比如"送礼就送脑白金"。实在太深刻了！脑白金的广告就像洗脑一样，一直重复这句广告词，想不记住都不行。

某种意义上，重复性高的广告词很容易成为消费者的记忆点，并打入消费者心智。千万不要以为像脑白金这样的保健品才会用这一招。奢侈品品牌香奈儿，也用过这个方法。香奈儿5号（N°5）这款产品的广告短片中，就一直在不断强调"For The First Time"（第一次），次数多达 12 次，这条广告片被称为香奈儿的"强势洗脑",也是因为这样一次强势洗脑,才让 N°5 成为消费者印象最深刻的一款香奈儿香水。

广告的力量是很强大的,在广告中重复体现你想让消费者记住的东西,能很快打入消费者心智。当你需要广告来扩大品牌知名度的时候,不妨试试重复带来的魔力,让消费者第一时间记住你想要传达的东西。

品牌的最佳"代言人"——产品

产品可以成为顾客的记忆点吗?当然可以。做一个小提问:"你是先知道戴森吹风机呢?还是先了解戴森这个品牌的呢?"

80% 的人先知道戴森吹风机,因为它是个有口碑的产品,继而才会对戴森这个品牌产生好奇和关注。因为有了关注,戴森发布的卷发棒等其他产品,才会进入大众的视野当中。

小黄靴也是消费者对于添柏岚(Timberland)的一个记忆点,以至于消费者一说到添柏岚就想到有防水性能的小黄靴,一说到小黄靴就想到"自带防水性能"的添柏岚。当然,黄金产品为添柏岚带来的,不仅是消费者对品牌的认知,还有对它其他防水鞋产品的关注,这使得它的产品遍及世界 90 多个国家和地区。

如果说小黄靴是凭借实用性让添柏岚注入消费者记忆,那品牌罗杰·维威耶(Roger Vivier)便是凭借产品外形让消费者记住。方扣鞋,就是罗杰·维威耶最大的辨识度,它的每一件产品都离不开"方扣"这个特征,所以,在时尚界,在买过方扣鞋的消费者心中，方扣鞋已经等同于罗杰·维威耶这个品牌了。

一件高质量的产品，是品牌的最佳代言人。所以，用心打造一件好产品，就是直接在为品牌积攒人气。消费者也许记住的是这件产品，但好产品为他们带来的好感度，会引导他们去认识品牌，了解品牌。

其实，从顾客对于品牌的记忆点中，就可以找到打造品牌专属视觉符号的逻辑了。那么我们来总结一下，关于打造品牌专属视觉符号应该遵循哪些原则。

法则一：形状。可口可乐的曲线瓶，百事可乐红蓝色的圆形标志，迪士尼三个圆形组合在一起的"米奇头"等，或许都让你记忆犹新。简单又带有点品牌特性的形状，是打入消费者记忆的元素之一。所以，如果你想在顾客脑海里植入一个品牌专属符号，不妨试试简单且带有品牌印记的形状。

法则二：色彩。颜色是最容易让人们记住的元素之一，也是品牌的强有力的代表。可能让消费者一时记住一个标志没有那么容易，而记住一个颜色却相对容易很多。

就好比很多人能够认出爱马仕专属的橙色，却很难清楚描述爱马仕的标志；很多人一眼就能认出蒂芙尼蓝，却不一定能够完整拼出它的英文名称；很多人认得"萝卜丁"的红色，却难以完整叫出 Christian Louboutin 的全名……可见，颜色是最容易记忆的。如果你想拥有一个品牌专属的视觉符号，一定要先确定品牌的颜色，然后在不同场景中，运用颜色来加深消费者印象，让消费者见色如见品牌。

法则三：图案。除了颜色，图案也是一个值得重点思考的视觉符号。举个例子，路易威登的老花包经过了这么多年，已经打入顾客的心智了，现在只要看到那个经典的花纹样式，就知道那是路易威登的产品。芬迪（Fendi）似乎也领略到这个技巧，在自己的产品上用上了两个"F"倒置拼接而成的标志，成功地让我们看到两个倒置的"F"，就想到芬迪。如果你不能确定你的品牌要用什么颜色来代表，用图案来给消费者洗脑，也是一种不错的选择。

法则四：IP形象。品牌的IP形象是经过"人格化"的产物，它拥有独特的性格和思想，所以能与消费者拉近距离。有很多消费者因为品牌IP，而成为品牌粉丝。迪士尼就是一个很经典的案例，现在，在很多人心中，已经把米老鼠等同于迪士尼了。

可见，IP形象可以是一个品牌的视觉符号，而且是一个跟消费者有情感联结的视觉符号。

法则五：空间。空间是最能给消费者提供情感体验的一个重要阵地。很多人会认为，店铺中只要把货品陈列好就可以了。但我必须负责任地说一句，如果你想要成为品牌，必须要做好的事情远远不只是陈列，还有空间设计。顾客既然来到店铺了，就让他在逛的过程中先记住这家店，记住这个品牌。

如何将空间视觉化作品牌的视觉符号？

- 选择标志中的主色用到店铺中
- 标志的落地位置在顾客容易看到的地方
- 标志的表现形式秉承易看懂、忌抽象的原则

法则六：扛把子产品。产品也可以是一个有力的视觉锤，经典产品带来的影响力远远超乎你的想象。把一件产品发展成品牌的视觉符号，能够有效提升产品的知名度，且吸引来的消费者，都是为了产品而来的。所以，销量会更有保证。

劳拉·里斯在她的《视觉锤》一书中写道："识别度比吸引力更重要。"的确，拥有一个品牌专属的视觉符号，能够让品牌更快速地打入消费者心智。学习使用以上法则，你也可以打造一个与众不同的品牌视觉形象。

品牌的差异化价值——勾起消费者好感

我们上面介绍了一个品牌里面有哪些方面能给顾客记忆点，而这些都是制造品牌差异化的要素。但如果只有差异化的行为，而没有找到差异化的价值，最后的结果可能只是一场自我感动罢了。要想突出品牌的差异化价值，就必须让消费者对品牌产生好感。

▎消费者的好感来源于哪里？

来源于美好的消费体验。

作为一个品牌，品牌信任度是必须要有的，因为它是消费者心目中最强的吸引力。一个拥有信任度的品牌，消费者对它的好感度，是能带来长期且直接的经济转化的。不过，如果想要将消费者的好感度拉到最大，大幅提升品牌的差异化价值的话，那在保持产品和服务质量，赢得消费者信任的同时，还需要考虑到消费者的体验。

给消费者制造了多美好的体验，消费者对品牌的好感度就有多高。这就是为什么一些商业报道经常提到"体验式消费的时代已经到来"。优质又美好的消费体验，能够大幅提升顾客好感度。

什么是体验式消费？

相比传统只注重买卖的零售形式，体验式消费更注重消费者的感官参与（视觉、听觉、触觉、味觉、嗅觉五感的参与）和体验，在高颜值的空间和环境的包围下，再结合贴心的服务，达到让顾客魂牵梦萦、念念不忘的效果。

说到体验式消费，令我印象十分深刻的是一个台湾专门做凤梨酥的品牌——微热山丘。

微热山丘，这是一个很有温度的名字，在店里，它的温度也依然延续着。透过店门口的玻璃门，可以看到里面暖黄色的光，极其温暖。墙壁上的木板，靠在墙边的木桌，侧边的绿植装饰，给顾客带来一丝丝属于大自然的气息。而让人备感温馨的可不只是这些温暖的装饰，还有在踏进这家店的时候，人们就能看到店内人员摆好热茶和凤梨酥款待顾客的情景。

"不管你在这家店是否消费，我们都会尽自己所能招待你"，这就是他们店里的特色，十分温暖。

于我而言，在我得知他们对待所有客人都始终如一的时候，内心的那股温暖是翻滚的，惊喜感动之余又对这家店充满了期待。这就是我作为消费者，所产生的直攀峰值的好感。这样一个品牌，所制造的好感，就是它的差异化价值。

我们平时经常接触的品牌中，海底捞也是一个差异化价值非常大的品牌。当顾客在等位的时候，他们会准备小点心和饮品来招待顾客；当顾客一个人去吃火锅的时候，他们会担心顾客无聊，而在对面放上一个可爱的娃娃陪顾客用餐；当顾客吃完离开的时候，还会收到他们精心包装好的小零食……这些都是为消费者制造美好体验的举动，而在这些举动之下，换来的是消费者对海底捞的挂念，消费者挂念的不仅仅是海底捞的味道，还有那一份来自全体店员的用心关照。这份对消费者的用心，就是消费者和品牌之间的情感联结。

聪明的品牌，会用情感体验拴住消费者，而这些为顾客创造优质体验的品牌，才是时代所需要的品牌。

三个提高消费者的体验的逻辑

1. 提高店铺颜值，创造更好的视觉体验

在我们学员陈碧芝自己做的这家 SHOW U 买手店中，可以看出，店铺的颜值真的能带来非常棒的视觉体验。店铺门面以大

面积的白色为主，体现出 SHOW U 简约轻奢的质感。（见图 5-8）橱窗背景也是统一的白色，道具选择色彩淡雅的花木，衬托出模特穿搭的优雅气质。（见图 5-9）

  店内设计贯彻了整体风格，大面积的白墙配合暖黄色的灯光，加强了明暗交织，视觉上更有立体感，避免了大面积纯白带来的单调性，同时又能更好地突出商品的存在感。在店里展示商品的壁面里，两个模特摆放位置相近，展现出两者间的互动感，像是两位闲聊的女性，也展现出带有时尚感的优雅女性形象，给人以赏心悦目的视觉氛围。（见图 5-10）在此氛围下，模特的穿搭直接带动一旁侧挂架上商品的连带销售。

  休息区配备的木色桌椅，配合桌上的鲜花和绿植道具，给整体空间增加了自然感，而一旁的木质橱柜则是展现了品牌骨子里的轻奢调性，墙壁上的插画点缀空间之余，也表达了女性高雅独特的品位。（见图 5-11）

● 图 5-8

● 图 5-9

● 图 5-10

● 图 5-11

2. 注意店铺细节，打造更好的购物体验

休息区和试衣间经常被忽略，但这些细节和顾客的消费体验密切相关，不注意的话，店铺做再多的转型，也会功亏一篑！品牌都市丽人的试衣间就十分出彩，不仅在视觉上更注重风格的统一，还结合了人工智能黑科技，打造了 3D 试衣间，并在试衣间内设置了呼叫导购服务，顾客可直接扫描小程序选择新的试衣尺码，避免了烦琐的更衣流程。这样的小细节，往往能给消费者更好的购物体验！

3. 提高店员专业素养，提供更专业的建议

随着体验式消费的崛起，店员的服务水平也需要提高，不仅要有良好的职业素养，还得具备一定的专业知识，这样才能给顾客更专业的建议。今天，店铺需要的不仅仅是优秀的产品销售，更需要能够成为消费者生活顾问的人才，以确保每一位进店的消费者都能享受专业化、个性化的服务。

最后，我想让大家明白，做品牌是一条很长的路，它没有办法一下子到达终点，而是需要慢慢沉淀，慢慢迭代，在一次次尝试中获取成功的果实。有句话这样说："这世界上唯一不变的就是变化本身。"在所谓的资本寒冬下，我们更应该具备变化更新的能力，以应对市场变化带来的各种风险和挑战。

道阻且长，但愿你一路过关斩将，不断发光发亮。

结语 EPILOGUE

我们的生活中，从来不缺乏处心积虑博眼球的事物，它可能是一场电影、一件物品，也可能是一条新闻……它们争先恐后地挑起我们的注意，想要引爆我们的情绪。我们就生活在这样一个信息大爆炸的时代——哪里能捕获人们的注意力，哪里就可以变现。而商业的竞争，仿佛是一场注意力变现的游戏。

你已经看到这本书的结尾了，这是一件值得庆祝的事情，因为你或多或少都建立了一些新的认知，一些通过注意力变现的认知。从1998年开始，我一直从事与品牌视觉营销有关的工作，过去的23年里，我和我的团队帮助了300多家实体零售店进行视觉形象升级改造。从每一家店的前后业绩对比来看，我看到了注意力的重要性。在这个时代，如果品牌没有获得消费者的注意力，就等于没有流量，而一旦没有流量就会被淹没在市场中，慢慢失去价值，被消费者遗忘。

我们都很笃定地相信，中国的零售商业和经济一定会大步向前发展的，我们的物质条件也一定会越来越丰富，而消费者也必然会去追求更美好更有趣的，且能满足他们精神世界的品牌及商品，而到那时，那些毫无差异化的普通品牌和商品就会更加难以生存。

我们已经来到不得不重视美感的时代了，实体店都需要运用品牌的视觉营销来让店铺变得更加符合人们的审美追求，同时需要陈列来辅助商品更好地完成销售。未来的零售店铺，一定需要更吸引人的店铺视觉作为媒介来捕获消费者的注意力。

所以，不要让自己的店铺和品牌，失去注意力。还是那句话，没有注意力，就没有竞争力。

你可能会困惑，不知道自己目前该从哪里做起。我写这本书的初衷，就是想提供给大家一些新的思路，让大家明白抢占消费者的注意力是我们赢得消费者的第一步，有了新的思路，就有了新的方向，以此再一步一步慢慢地让品牌发展壮大，成为一个进入消费者心智的品牌。

做品牌，就是成为时间的朋友，还是那句话，慢慢来，比较快。在现有基础上一点一点做迭代，每一次更新都比之前好一点，这就是进步。我们很难一步到位，所有我们看到的精巧案例，都是一步一步迭代而来的。我们只要做到比以前好，就是在朝着成功迈步。

你有可能会觉得迟，现在才开始发觉这场注意力变现的游戏，是不是太迟了？不迟，一点都不迟。我们国内的门店，单单从便利店一个类别来看，就已经超13万家（数据来源：中国连锁经营协会），但是拥有注意力的店铺，屈指可数。那些忽视